Le théâtre de
CORNEILLE

JACQUES SCHERER

Le théâtre
de
CORNEILLE

Librairie A.-G. NIZET
3 *bis*, place de la Sorbonne, 75005 PARIS

AVERTISSEMENT

Le Club du Livre m'a demandé naguère de préparer une édition, aujourd'hui épuisée, du Théâtre complet de Corneille, précédée d'une étude dont les pages qui suivent présentent une reproduction phototypique. Je remercie le Club du Livre d'avoir autorisé la Librairie Nizet à publier à nouveau cette étude. Du fait qu'elle n'est pas modifiable, certaines allusions qu'elle contient aux textes cornéliens sont maintenant sans objet. C'est le cas des pages 8 et 9, sur le choix du texte de base, de la page 36 sur la Comédie des Tuileries, de la page 52 sur l'Aveugle de Smyrne et de la page 127 sur Psyché.

Page 8, les quinze pièces que j'avais choisies de préférence à d'autres étaient : Mélite, La Place Royale, L'Illusion, Le Cid, Horace, Cinna, Polyeucte, La mort de Pompée, Le Menteur, Rodogune, Théodore, Nicomède, Œdipe, Attila et Suréna.

J'ai cru utile de préciser ou de compléter les indications de mon étude par une Chronologie qu'on trouvera à la fin du volume.

J'ai toujours tenu Corneille pour le plus grand auteur dramatique français. Je veux dire par là que sa compréhension et son maniement des moyens du métier dramatique sont, par rapport aux buts qu'il s'est proposés, infaillibles. Nul n'a mieux compris que lui ce qu'est le théâtre. Sans doute, d'autres ont porté plus loin la méditation sur le sens et les destinées de la condition humaine, ou la force irrépressible du comique; il n'a point connu la pérennité miraculeuse de Shakespeare ou de Molière; il a inscrit avec précision son œuvre dans l'idéologie et la sensibilité de son temps, ce qui nous la rend parfois difficile à comprendre. Mais dans ce cadre temporel, il a donné l'exemple d'une hardiesse esthétique rare, au point d'imposer à son public des efforts que celui-ci n'a pas toujours acceptés; il a montré une intelligence inégalée de la combinatoire dramaturgique; il a déployé dans toute son œuvre une puissance et une richesse que ses contemporains ont reconnues comme exceptionnelles; il a ouvert la voie royale du classicisme, méritant d'être appelé le père du théâtre français, en même temps qu'il était le père d'une technique dramatique qui devait s'imposer à l'Europe pendant quelque trois siècles. Même si certains de ses enfants sont plus grands que lui, son œuvre reste exemplaire.

Exemplaire, mais ardue. Je ne pouvais espérer que mon admiration quasi inconditionnelle pour Corneille soit partagée par un grand nombre de personnes. Le problème de l'édition de son théâtre par le Club du Livre ne devait donc pas admettre à mes yeux de solution parfaitement satisfaisante. Fallait-il tout publier? Une édition complète eût sans doute rebuté beaucoup de lecteurs non spécialistes. Fallait-il choisir? Un choix est toujours discutable, et celui-ci m'eût paru particulièrement arbitraire, dans une œuvre où rien n'est vraiment indifférent. Une tradition surtout scolaire limite à quatre le nombre des œuvres de Corneille dont elle propose une admiration sans réserves : *le Cid, Horace, Cinna, Polyeucte*. Elle s'explique par des raisons de commodité, mais aussi par les exigences de Corneille lui-même : très soucieux de sa gloire, celui-ci, malgré les succès qu'il a remportés jusqu'à la fin de sa vie, a très mal supporté les critiques ou même les tiédeurs; son amertume les a transformées en échecs, et des critiques hâtifs l'ont pris au mot. C'est pourquoi l'idée que seule la partie centrale de son œuvre est valable apparaît dès la fin du xviie siècle. Ainsi Boileau écrit en 1694 dans ses *Réflexions critiques sur Longin* : « Tout son mérite... à l'heure qu'il est, ayant été mis par le temps comme dans un creuset, se réduit à huit ou neuf pièces de théâtre qu'on admire et qui sont, s'il faut ainsi parler, comme le Midi de sa poésie, dont l'Orient et l'Occident n'ont rien valu. » La métaphore solaire amènerait plus justement à penser, à mon sens, que sur l'empire de Corneille le soleil ne se couche pas. Mais en réalité, cette réduction à la portion médiane, quel que soit le nombre de pièces qu'on veuille y inclure, apparaît, à la réflexion, comme inadmissible. Ce qui précède *le Cid* prépare *le Cid*, et par des voies d'une originalité frappante, dont le classicisme futur estompera l'éclat. Jean-Paul Sartre a trop bien montré, dans *l'Idiot de la famille*, combien sont instructives et décisives les œuvres de jeunesse de Flaubert pour qu'on accepte de se priver des comédies par lesquelles Corneille forge ses armes. Et après les « chefs-d'œuvre »? L'auteur de *Polyeucte* a trente-cinq ans. Il lui reste plus de trente ans à consacrer à la composition dramatique, et vingt pièces à écrire. A qui fera-t-on croire que cette longue patience d'un homme de génie n'ait pu conduire qu'à des échecs? Il faudrait invoquer une sénilité vraiment précoce, ou bien une persévérance dans l'erreur moins diabolique qu'incroyable.

Ces réflexions m'ont amené à accepter la solution de compromis que propose la présente édition. Tout le théâtre de Corneille s'y trouve, mais en deux types inégaux de présentation. Quinze pièces, que j'ai choisies, ont les honneurs des trois premiers volumes et se prélassent dans le luxe. Les autres, toutes les autres, sont reléguées dans le quatrième tome et plus modestement accueillies. Elles n'en sont pas moins dignes de lecture, et d'une attention que, personnellement, je n'entends pas leur refuser. L'étude, à la fois chronologique et synthétique, que je consacre à l'ensemble de l'œuvre cornélienne, fera, je l'espère, ressortir les raisons d'une répartition qui tente de choisir sans choisir. Ainsi défileront, dans l'ordre de leur naissance, les filles élues et les autres, moins bien aimées, d'un même père.

Le problème du texte dans lequel les diverses pièces de Corneille devaient être présentées était également délicat. Au cours de sa longue existence, Corneille a publié ou republié des pièces de théâtre pendant exactement cinquante ans. Naturellement, ses points de vue ou ses scrupules ont eu le temps de changer pendant ce demi-siècle; comme il apportait à ses publications un soin minutieux, exceptionnel pour son époque, il a beaucoup modifié ses pièces, surtout les premières, et la masse de ses variantes serait considérable. Là encore, comment choisir? On admet en général que l'édition qu'il faut reproduire est la dernière qui ait été publiée du vivant de l'auteur; elle représenterait l'état de sa pensée et de son art qu'il a voulu laisser à la postérité et qu'il connaît mieux que personne. Ce principe me paraît difficilement applicable au cas de Corneille. La dernière édition qu'il a publiée est celle de 1682. A cette date, il a renoncé au théâtre depuis environ huit ans, sa santé décline sérieusement, et il n'a pas pu ou pas voulu s'intéresser vraiment à cette édition, où les erreurs et les omissions abondent. Le travail de révision le plus important et le plus lucide qu'il ait fait est celui de l'édition de 1660; les loisirs forcés que lui a apportés la Fronde lui ont donné l'occasion de repenser toute son œuvre antérieure. Il serait tentant de reproduire cette édition; mais elle ne peut convenir à un théâtre complet, puisque après elle Corneille écrira encore une dizaine de pièces.

En réalité, une perspective vraiment théâtrale ne peut pas tenir compte de ces considérations purement littéraires. Ce qui importe dans une pièce de théâtre, c'est le retentissement de sa création, qui est sa naissance dans la fraîcheur et la nouveauté totales, et non les visages différents qu'elle pourra prendre par la suite, fussent-ils remodelés par son auteur lui-même. Lire *le Cid* par exemple, dans un texte de 1682, voire de 1660, c'est fausser la réalité historique. Rompant avec la tradition selon laquelle les éditions complètes de Corneille reproduisent le texte de 1682, j'ai donc choisi de présenter ici ses œuvres dans leur état premier, c'est-à-dire, à défaut du texte de la création au théâtre, qui nous est inconnu, celui de l'édition originale. Il résulte de ce principe que le texte présenté ici différera parfois d'une manière considérable du texte proposé par la tradition, parce qu'il sera plus proche de la véritable histoire du théâtre. En suivant les pièces dans l'ordre de leurs représentations, je me référerai à ces textes originaux, sans éviter toutefois de délicats problèmes de chronologie. En effet, si la date d'une édition nous est en général connue avec certitude au XVIIe siècle parce qu'elle comporte un « achevé d'imprimer » très précis, celle d'une création théâtrale n'est pas toujours indiquée par les contemporains et doit donc être évaluée par des suppositions parfois hypothétiques. Malgré cet inconvénient, généralement mineur, la présentation qui est proposée ici pour la première fois dans une édition du théâtre complet de Corneille permet de rendre compte d'une manière plus juste de la réalité de l'évolution dramatique.

« Vivre, dira Villiers de l'Isle-Adam, les domestiques peuvent faire cela pour nous ». Ce hautain paradoxe, selon lequel les intérêts normaux de la vie personnelle peuvent s'effacer au profit des exigences de l'art, semble déjà s'appliquer à Pierre Corneille. Toutes ses ardeurs sont pour le théâtre, non pour la réalité. Sa vie est d'une banalité exemplaire; elle est, presque toujours, sagement inscrite dans les cadres sociaux de la bourgeoisie contemporaine. Il est né à Rouen, le 6 juin 1606. Il appartient à une vieille et riche famille, dont les membres ont été attirés par le barreau, la magistrature et la religion. Bien que solide, la fortune a dû parfois se partager entre de trop nombreux enfants mais s'est assez vite reconstituée. Corneille a six oncles, trois tantes, deux frères et quatre sœurs. Son père est avocat au Parlement de Rouen et Maître particulier des Eaux et Forêts; sa mère est fille d'un avocat. De ses deux frères, l'un, Antoine, né en 1611, sera curé, l'autre, Thomas, né en 1625, fera après lui une brillante carrière d'auteur dramatique, épousera la sœur de sa femme et lui succèdera à l'Académie française. Pierre était l'aîné. Après de brillantes et précoces études au Collège des Jésuites de Rouen, il fit son droit et devint à son tour avocat, mais ne plaida pas, ou guère. Il eut pendant quelques années une vie mondaine et sentimentale dont l'écho, très transposé, paraît fort discrètement dans sa première pièce, *Mélite*. En 1629, ce qui correspond peut-être à la fin de sa jeunesse, il acheta, toujours à Rouen, deux charges d' « avocat du roi », c'est-à-dire de magistrat; elles lui donnaient compétence, d'une part sur les Eaux et Forêts, d'autre part sur l'Amirauté, et n'étaient point des sinécures; les audiences avaient lieu trois fois par semaine. Corneille s'acquittera avec conscience de ces fonctions, pendant une vingtaine d'années, parallèlement à sa carrière dramatique.

Celle-ci attire assez vite l'attention du pouvoir. En 1633, Louis XIII vient faire une cure thermale à Forges-les-Eaux, non loin de Rouen, et l'on joue peut-être devant lui quelques-unes des premières comédies de Corneille; le poète écrit des vers latins à la louange du roi et de Richelieu. Un peu plus tard, il fait partie du groupe des Cinq Auteurs, versifiant quelques pièces que le Cardinal avait inspirées. C'est au milieu de cette collaboration et devant le triomphe du *Cid* que Richelieu fait juger la pièce par l'Académie qui venait de naître.

On ignore la date exacte du mariage de Corneille. A la fin de 1640 ou au début de 1641, il épouse Marie de Lamperière, fille d'un Lieutenant de Justice aux Andelys, née en 1617. Ils auront sept enfants. Des quatre fils, les deux aînés feront une carrière militaire; le plus jeune entrera en religion. De la fille aînée descendra Charlotte Corday; une autre fille deviendra religieuse.

Après avoir été élu à l'Académie française en 1647, Corneille souffrit, comme bien d'autres Français, des troubles de la Fronde. Au début de 1650, le Procureur des États de Normandie, Baudry, qui n'avait pas su faire face à la révolte de la province, fut destitué, et Mazarin demanda à Corneille d'occuper ce poste. Pour pouvoir obéir, l'auteur dramatique vendit ses charges d'avocat du roi. Il n'exerça ses nouvelles fonctions que pendant moins d'un an : Baudry rentra en grâce et Corneille se retrouva sans métier véritable. Les théâtres en effet périclitaient, en raison de l'insécurité générale.

Corneille trouva dans la religion, pendant plusieurs années, une nouvelle carrière, tout indiquée par sa formation, par sa famille et d'ailleurs par la sincérité de sa foi. En 1651, on le voit marguillier et trésorier de sa paroisse. Il s'engage dans une ample traduction en vers de l'*Imitation de Jésus-Christ* qui connaîtra un très grand succès, et prépare la grande édition de son théâtre de 1660.

Cependant, le gouvernement réaffermissait son pouvoir, le calme revenait et Corneille, après bien d'autres d'ailleurs et sans aucune hâte, pensait pouvoir reprendre une carrière dramatique. Deux événements de l'année 1658 lui redonnèrent le goût du théâtre. La troupe de Molière, venant du Midi, passa l'été à Rouen avant de s'installer à Paris ; la comédienne Marquise du Parc, la future maîtresse de Racine, y jouait, et Corneille fut sensible à sa beauté. Il obtint également une pension du Surintendant Fouquet, ce qui impliquait l'obligation morale d'écrire une tragédie nouvelle : ce fut *Œdipe*, dont le succès l'encouragea à poursuivre une seconde carrière dramatique, qui durera quinze ans et donnera encore naissance à des œuvres d'une mystérieuse beauté. En 1662, il vint s'installer à Paris, comme il avait promis de le faire lors de son élection à l'Académie. Il géra avec un soin accru une fortune qui avait diminué mais restait importante.

Ses ressources financières, que nous connaissons de manière assez précise, sont nombreuses. Son père, mort en 1639, lui a laissé un héritage solide, en maisons, terrains et capitaux. Sa femme, en dot et par des héritages, lui apporta encore d'autres biens. Ses fonctions sont lucratives. Il s'est ingénié à faire rapporter de l'argent à ses pièces, en les vendant aux théâtres d'abord, aux libraires ensuite. Même l'*Imitation de Jésus-Christ* a été pour lui un succès financier ; un contemporain dit à son sujet, sans aucun humour, du moins volontaire, « qu'il avait reconnu par le gain considérable qu'il y avait fait, que Dieu n'est jamais ingrat pour ceux qui travaillent pour lui ». Ses dédicaces lui sont payées, parfois richement. Les pensions dont le roi l'honore constituent un revenu appréciable, mais sont surtout une distinction dont il est fier ; lorsqu'elles sont supprimées, c'est moins par besoin que pour sa gloire qu'il demande leur rétablissement. Anobli au lendemain du *Cid*, il est à ce titre exempté de l'impôt principal, la taille. Enfin, il touche les jetons de présence à l'Académie, mais ceux-ci n'ont été créés qu'en 1672. La misère de ses dernières années est sans aucun doute une légende. Elle naît de l'anecdote qui le montre faisant réparer son unique paire de souliers. Inventée en 1788, cette anecdote fait prévoir le thème romantique du génie méconnu par la société, mais est sans rapport avec la réalité. Jusqu'à sa mort, survenue en 1684, Corneille a mené la vie d'un confortable bourgeois, dont la sécurité permet précisément la hardiesse qui est une des vertus de son théâtre.

Les faits de la vie de Corneille n'apportent qu'une matière bien décevante à ceux qui aiment scruter les rapports de la personne avec l'œuvre. Sa psychanalyse reste à faire. Les traits mêmes de son caractère ne sont pas aisés à cerner. Il a été un homme secret, qui a réservé toute son ardeur au monde intérieur qu'est son théâtre. Les contemporains l'ont dit avare, parce qu'il était et devait être très attentif à l'argent. Ils l'ont dit gauche, et sans doute ne trouvait-il pas de plaisir et ne montrait-il pas d'habileté dans les contacts humains. Il a eu conscience très jeune de sa valeur, ce qui n'a pas contribué à le rendre sympathique à ses rivaux. Il a exigé, sur un ton qui n'est pas toujours plaisant, que l'on reconnaisse sa gloire.

Malgré quelques contestations ou éclipses passagères, celle-ci est très vite indiscutée. Dans la circonstance décisive où il fallait justifier les pensions que Louis XIV allait accorder aux écrivains, Chapelain le proclame « un prodige d'esprit et l'ornement du théâtre français ». On ne cesse guère de lui reconnaître la maîtrise de l'art du théâtre, de la psychologie, du sens politique et de la poésie. S'il se plaint à la fin de sa vie que certaines de ses pièces sont moins jouées et s'il est vrai que sa situation théâtrale est menacée vers l'époque des débuts de Racine, sa situation littéraire, elle, reste considérable, et l'admiration persistante de Madame de Sévigné pour lui n'est pas un phénomène isolé. Son prestige sera durable, au moins jusqu'au Romantisme. Au xviiie siècle, en dépit des déclarations de Voltaire, les éditions de Corneille sont trois ou quatre fois plus nombreuses que celles de Racine.

L'œuvre dramatique de Corneille compte trente-cinq pièces, dont trois écrites en collaboration : deux avec le groupe des Cinq Auteurs, et une, la tragédie-ballet de *Psyché*, avec Molière et Quinault. Il reste le seul auteur de trente-deux pièces, toutes en cinq actes. Leur composition s'échelonne sur environ quarante-cinq ans. C'est la carrière d'auteur dramatique la plus longue qu'un grand écrivain ait connue en France, sauf celle de Voltaire.

Son œuvre n'est pas moins exceptionnelle par la variété dont elle témoigne. La Bruyère disait déjà que Corneille était « admirable surtout par l'extrême variété et le peu de rapport qui se trouve pour le dessein entre un si grand nombre de poèmes qu'il a composés ». Cette diversité apparaît même si l'on se borne à considérer les différents genres qu'il a cultivés. Dans ses trente-deux pièces, on peut relever huit comédies, dix-neuf tragédies et cinq pièces intermédiaires entre ces deux genres. Mais des subdivisions sont nécessaires. Ses cinq premières comédies forment un groupe, où il poursuit avec obstination un même projet. *L'Illusion comique*, qu'il appelle un « étrange monstre », ne ressemble à rien et constitue à elle seule une catégorie. Enfin *le Menteur* et sa *Suite*, écrits beaucoup plus tard et dans une perspective toute différente, sont encore un autre groupe de comédies. Dans l'intervalle, large et fluctuant au XVIIe siècle, entre comédie et tragédie, on classera trois pièces que Corneille appelle des « comédies héroïques », *Don Sanche d'Aragon*, *Tite et Bérénice* et *Pulchérie* et deux autres qui sont présentées, du moins dans les éditions originales, comme des « tragi-comédies », *Clitandre* et *le Cid*. Le groupe des tragédies n'est pas davantage homogène. Cinq d'entre elles sur dix-neuf s'écartent par leur structure ou par leur contenu des normes traditionnelles. Ce sont *Polyeucte* et *Théodore*, tragédies de martyrs chrétiens, *Andromède* et *la Conquête de la Toison d'Or*, tragédies à grand spectacle où les machines de théâtre jouent un rôle essentiel, et *Agésilas*, tragédie, mais romanesque, plaisante et en vers libres. Il ne reste donc que quatorze tragédies proprement dites. C'est le groupe le plus nombreux, mais il ne constitue pas la moitié de l'œuvre.

En réalité, c'est dans chacune de ses pièces que Corneille a cherché, et a trouvé, l'originalité. Plusieurs de ses déclarations le proclament. En tête de *Don Sanche* : « Voici un poème d'une espèce nouvelle, et qui n'a point d'exemple chez les Anciens ». En tête de *Nicomède* : « Voici une pièce d'une constitution assez extraordinaire ». En tête de la tragédie d'*Agésilas* : « La manière dont je l'ai traitée n'a point d'exemple parmi nos Français, ni dans ces précieux restes de l'Antiquité qui sont venus jusqu'à nous, et c'est ce qui me l'a fait choisir. » A la fin de sa vie, il envisageait peut-être d'écrire une tragédie sur un sujet chinois...

Cette recherche passionnée de la nouveauté, il a semblé à certains critiques qu'elle était gênée, voire freinée, par l'existence de règles classiques que Corneille se serait contraint à respecter. Cette conception, d'inspiration romantique, ne correspond nullement à la réalité, et l'un des intérêts d'une édition complète du théâtre de Corneille est de montrer par les faits qu'il ne peut pas en être ainsi. Corneille débute à une époque où la question des règles commence à peine à se poser ; elles sont contestées, elles tentent certains auteurs et en rebutent d'autres. Comme plusieurs de ses confrères, Corneille les expérimente. Dans la mesure où elles permettent de faire des pièces plus efficaces, il s'en sert, en les adaptant à des besoins variés et en conservant toujours sa liberté par rapport à elles. De cette liberté témoignent bien des aspects techniques de son art. Novateur raisonné, loin d'obéir à contre-cœur à on ne sait qui, c'est lui qui parfois impose, l'un des tout premiers, de nombreux éléments nouveaux de la dramaturgie. Ainsi apparaissent, par exemple, l'unité de temps dans la tragi-comédie avec

Clitandre, la liaison des scènes avec *la Suivante*, les stances dans la tragédie avec *Médée*, l'unité de lieu et les péripéties avec *Horace*, l'unification de l'action et le dénouement heureux dans la tragédie avec *Cinna*, la pièce à machines avec *Andromède*, la pièce en « vers libres » avec *Agésilas*.

L'intérêt pour la variété des techniques n'a jamais fait oublier à Corneille la diversité infinie du cœur humain, et ses explorations psychologiques sont trop nombreuses pour être énumérées. Pour se limiter à trois exemples, une forme très moderne de peur de l'engagement, une méditation sur le sacrifice et un exercice sur le mensonge créateur, brillent, respectivement, dans *la Place Royale*, *Polyeucte* et *le Menteur*. Même souplesse dans le traitement des problèmes moraux. Si la notion centrale dans ce domaine, pour lui comme pour ses contemporains, est celle de « gloire », elle a des emplois radicalement opposés. Elle enseigne le devoir dans *le Cid*, *Cinna* ou *Don Sanche*, mais ne refuse pas l'odieux, ni même la perversion, dans des œuvres comme *la Place Royale*, la mini-tragédie expresse du cinquième acte de *l'Illusion comique* ou la tragédie de *Rodogune*. Au reste, l'empire tragique lui-même est chez Corneille profondément diversifié. Il admet l'horreur physique dans *Clitandre* ou *Médée* et la plus insupportable pression sentimentale dans *Héraclius*, *Attila* ou *Suréna*. Il accepte, grâce aux machines, le fantastique. Il s'engage, depuis *Cinna* et jusqu'à la fin, dans les méandres d'une analyse politique d'une rare pénétration.

Ces rapports, et bien d'autres, Corneille les a certainement compris. Entre l'événement toujours nouveau et toujours différent qu'est chaque pièce et la volonté de construire un théâtre cohérent et, d'une certaine manière, un, se glissait la tentation du cyclique. Faire reparaître, d'une pièce à l'autre, des idées, des thèmes, voire des personnages, était un moyen d'affirmer la permanence à travers la diversité. Le théâtre, avec les dimensions restreintes qu'il connaît en Occident, ne permet pas facilement ces retours significatifs. Ils ne peuvent s'épanouir que dans des sommes romanesques d'une grande ampleur, comme la *Comédie humaine* d'Honoré de Balzac. Pourtant, avant Balzac, Corneille a esquissé un retour des personnages, dans ses comédies. Lysandre et Célidée sont évoqués dans *la Veuve* avant d'être des personnages importants de *la Galerie du Palais*. Le Théante de *la Suivante* est allégué dans *la Place Royale*. Plus facilement encore Dorante et Cliton passent du *Menteur* à la *Suite du Menteur*. Ces passages semblent interdits au personnage tragique, ancré dans son historicité. Corneille a cependant osé présenter deux Jason : celui de *Médée* abandonne sa femme, alors qu'il la conquerra, un quart de siècle plus tard dans l'ordre du théâtre, mais quelques années plus tôt dans celui de la réalité fictive, avec *la Toison d'Or*. Le personnage le plus constant de la tragédie cornélienne est symbolique, mais essentiel : c'est Rome. Corneille a proposé comme un raccourci de son histoire dans ses trois premières pièces romaines : *Horace* renvoie à l'époque lointaine des rois de Rome, *Cinna* aux derniers soubresauts de l'idéal républicain quand l'Empire se fonde, *Polyeucte* à la lutte de cet Empire, devenu tout-puissant, contre le christianisme naissant. Ensuite, avec une prédilection marquée pour la Rome impériale, Corneille diversifiera cette peinture, inlassablement.

Avant d'étudier cette œuvre grandiose dans son déroulement chronologique, il convient encore de dire quelle était, lorsque Corneille débute, c'est-à-dire vers 1630, la situation matérielle, littéraire et sociale du théâtre.

Les troupes théâtrales ne sont encore ni nombreuses, ni riches, ni stables. Les incessantes pérégrinations sont leur lot et elles doivent sans cesse louer de nouveaux théâtres pour y travailler. Ce n'est que dans les années suivantes que le succès permettra à une troupe d'occuper un théâtre de manière continue. L'organisation des compagnies théâtrales est, et restera pendant tout le siècle, démocratique. Elles sont des sociétés à parts, comme est encore aujourd'hui la Comédie-Française. Les fonctions de directeur de théâtre, de producteur et de metteur en scène y sont inconnues. Le type d'acteurs qui a du succès connaît une assez brusque mutation. Avant, les plus célèbres et les plus goûtés sont les farceurs; leur jeu était sans doute très appuyé. C'est sous leurs noms de farce que sont connus Gros-Guillaume, Turlupin, Gautier-Garguille. Sous d'autres noms, ils jouaient aussi la tragédie. Vers 1630, ils sont supplantés par un type de comédien où se reconnaît mieux le nouveau public qui aspire à l'ordre monarchique : élégant, noble d'allures, il est l'image de cet « honnête homme » dont va se répandre l'idéal. Montdory, malgré la puissance de son talent, appartient à ce nouveau type d'acteur. C'est lui qui va découvrir et « lancer » Corneille. Une dizaine d'années plus tard, il sera remplacé par Floridor, qui sera aussi l'interprète de Racine.

Paris ne compte alors que deux salles de théâtre. L'Hôtel de Bourgogne, construit au xvie siècle, héberge la troupe la plus officielle, celle des Comédiens du Roi. Dans le quartier du Marais, alors en plein développement, une troupe plus jeune et plus hardie, à laquelle appartient Montdory, aménage successivement plusieurs salles de jeu de paume, en profitant de la désaffection dont ce jeu était victime, pour y donner des représentations théâtrales. Une fois stabilisée, cette compagnie, qui fait assez figure de théâtre d'avant-garde, sera connue sous le nom de Théâtre du Marais. Mais qu'il s'agisse de l'Hôtel de Bourgogne ou du Marais, les conditions de la représentation sont semblables, et elles sont fort médiocres. Les scènes sont très étroites ; leur ouverture n'a jamais atteint une dizaine de mètres. Elles sont mal éclairées et difficiles à décorer. Si des rangées de loges peuvent accueillir les dames et les spectateurs distingués, le gros du public doit se presser dans un vaste parterre ; il y est debout, et souvent houleux. On comprend dans ces conditions que les auteurs aient cherché le prestige du théâtre dans la littérature plus que dans les réalisations.

Or la littérature dramatique, elle aussi, est à un tournant. Les aspirations esthétiques et humanistes des érudits du xvie siècle sont oubliées depuis longtemps. Elles n'ont pu résister aux troubles, aux révoltes, à la misère, à l'insécurité, à l'anarchie qui ont marqué trop souvent la fin du xvie et le début du xviie siècle. Pour intéresser cette rude époque, un théâtre d'action est né. Le principal artisan en est Alexandre Hardy, dont Corneille se souviendra. Mais l'œuvre immense de Hardy n'a eu qu'un succès sans lendemain. Après avoir fait jouer quelque six cents pièces, il ne pourra en publier, à la fin de sa vie, qu'une trentaine. Le premier volume de son théâtre, imprimé en 1624, a du succès puisqu'une deuxième édition en est donnée en 1626. Mais le cinquième et dernier ne paraît, en 1628, qu'accompagné d'une déclaration haineuse contre deux auteurs de la jeune génération. Ainsi est datée avec précision l'agonie du baroque théâtral français, dont Corneille pourtant recueillera et fera accepter quelques beaux éclats. Mais le monde de 1630 rejette cette sorte de devanciers, qu'il appelle « gothiques » avec mépris. Au style rocailleux de Hardy il préfère le théâtre des poètes qui commence à s'épanouir : de 1623 à 1628 sont publiés *Pyrame et Thisbé* de Théophile, les *Bergeries* de Racan, la *Sylvanire* de d'Urfé, la *Sylvie* de Mairet, œuvres dont le charme poétique a été durablement ressenti. Désormais, tout dramaturge devra être poète.

Ce qui change dans la vie sociale de l'époque, et qui explique les succès nouveaux du théâtre et de la littérature dramatique, c'est que le phénomène théâtral commence à être pris en charge par la grande bourgeoisie et par la noblesse, que rebutait auparavant la dureté des temps. L'arrivée au pouvoir du Cardinal de Richelieu en 1624 est signe et cause tout à la fois d'une stabilité nouvelle. Avec l'affermissement et la centralisation du pouvoir politique, un nouveau public découvre qu'il peut aspirer à l'ordre et à la culture. Pour lui, le théâtre est à la fois besoin social et élément de civilisation. Pour Richelieu, il est en outre instrument de prestige concourant à la restauration de l'autorité royale. C'est pourquoi ce Cardinal est auteur dramatique amateur, inspire des pièces, protège des acteurs et des auteurs, accepte que dix-neuf pièces de théâtre soient dédiées à lui ou à sa nièce, construit dans son palais le plus beau théâtre de Paris, dont Molière héritera, et a avec Corneille des relations passionnées, impérieuses et ambivalentes.

Dans ce contexte social, les exigences morales s'affirment elles aussi. On commence à parler de bienséances. Pour les hommes de 1630, la grossièreté dont se délectaient leurs pères va rejoindre la fureur et le bas langage dans l'enfer du « gothique ». Ils veulent un théâtre décent, acceptable pour les dames. Ils croient l'avoir, en se comparant à leurs prédécesseurs; mais en réalité la route des bienséances ira en se rétrécissant toujours davantage, comme en témoignent les nombreuses suppressions que Corneille a cru plus tard devoir infliger à ses premières œuvres.

Poète et moral, il était inévitable que l'auteur dramatique connaisse une promotion. Naguère méprisé, simple salarié des comédiens, et payé à fort bas prix, il devient l'artisan essentiel d'une activité qui va se révéler rentable. Dès lors, les fils de respectables bourgeois se lancent dans l'aventure théâtrale; Corneille est l'un d'eux; il est loin d'être le seul; autour de lui, vers la même époque, une dizaine d'autres, appartenant à peu près au même milieu, font aussi leurs débuts dramatiques.

Dans ces conditions, Corneille, comme tous les grands hommes, arrive au bon moment. Et c'est ce moment, dans ce qu'il a de spécifique, qui lui donne son impulsion première.

La pièce qui inaugure la carrière théâtrale de Corneille, *Mélite*, est une comédie. A lui seul, le choix de ce genre à cette époque marque une orientation nouvelle. Pendant au moins un demi-siècle, il n'y avait pas eu en France de véritables comédies. Un public encore grossier s'y délectait de farces, que leurs auteurs n'osaient pas publier. Les rares comédies que l'on livrait à l'impression auraient été pour un public classique aussi choquantes que des farces. Pour se faire une place au théâtre, Corneille est donc conduit, non point à chercher à faire rire, puisque ses prédécesseurs, tout honnis qu'ils sont, y parvenaient fort bien, mais à satisfaire par des moyens plus fins les exigences culturelles du nouveau public. Il y parvient en mettant au centre de ses premières pièces un type de personnage nouveau, assez inutile aux farceurs, celui de la jeune fille; elle remplace celui de la prostituée, ou celui de la femme mariée qui trompe son mari. Elle est certes moins comique, mais elle ouvre des développements dramatiques nouveaux, en ce qu'elle permet à la fois une dramaturgie de la liberté, qui par là même se risquera de temps en temps à côtoyer le tragique, et un réalisme de bon aloi dans la peinture de la bourgeoisie.

Mélite a été publiée en 1633, avec la désignation de « pièce comique », qui marque encore une certaine hésitation sur la nature du genre qu'elle illustre. La création en est antérieure de plusieurs années, et cet intervalle est au xviie siècle indice de succès : un auteur conservait sa pièce inédite tant qu'elle pouvait être exploitée au théâtre, parce que l'édition la faisait alors tomber dans le domaine public. La date de la première représentation de *Mélite* n'est pas connue avec certitude. On a longtemps cru, sur la foi d'une affirmation de Fontenelle, qui écrivait au xviiie siècle, pouvoir la fixer à 1625. Les réflexions et les découvertes récentes ne permettent absolument plus aujourd'hui de retenir cette date. Celle que proposent les historiens actuels est 1629 ou 1630. Personnellement, en raison de ce qui résulte d'actes judiciaires, de baux de location publiés depuis peu ou d'autres recoupements, je considérerais le début de 1630 comme la date la plus probable. Il semble possible que Montdory, qui souvent visitait Rouen l'été avec sa troupe, y ait connu Corneille en été 1629, et ait joué sa pièce à Paris quelques mois plus tard. Je serais d'ailleurs tenté d'ajouter un argument à ceux des spécialistes, qui raisonnent tous comme si la future troupe du Marais avait débuté avec *Mélite* : à une époque où le répertoire est gratuit et où les goûts changent, débuter par une pièce nouvelle est ajouter un risque à un autre risque; il est plus prudent pour une nouvelle troupe de se faire apprécier dans une œuvre consacrée; ainsi Molière débutera à Paris avec le *Nicomède* de Corneille, et la Comédie-Française avec *Phèdre* de Racine, pièces créées plusieurs années auparavant. Si donc Montdory a joué avant *Mélite* une pièce déjà connue, c'est une raison de plus pour que la comédie de Corneille ait été créée en 1630 plutôt qu'en 1629.

Malgré leur minutie, ces précisions chronologiques sont utiles, car elles sont les seules à nous permettre de dater le début d'une série, elle-même conjecturale. Aucun témoignage ne nous indique avec certitude la date d'une des pièces suivantes de Corneille avant *le Cid*. De *Mélite* au *Cid*, Corneille a écrit neuf pièces; si elles se répartissent sur sept années, ce sont surtout les vraisemblances qui permettront d'assigner une date à chacune.

Il est rare au xviie siècle que nous puissions entrevoir comment un épisode vécu par l'auteur a été transposé par lui dans une œuvre littéraire. Tel serait pourtant le cas pour *Mélite*, si nous en croyons une tradition familiale, malheureusement tardive et qui va s'embellissant d'étape en étape. Au lendemain de la mort du poète, son neveu Fontenelle dit que sa première pièce est issue d'une « petite aventure de galanterie ». En 1708, son frère Thomas ajoute qu'il a employé dans sa comédie un sonnet qu'il avait fait auparavant « pour une demoiselle qu'il aimait ». En 1729, donc un siècle après les faits, Fontenelle affirme que Corneille a été le Tirsis de la comédie : présenté à la jeune fille par le fiancé, il aurait supplanté celui-ci. Là-dessus, les érudits ont cherché la jeune fille, et ils ont trouvé des noms : on nous parle d'une Marie Milet (dont Mélite est à peu près l'anagramme), d'une Marie Courant, d'une Catherine Hue. Malheureusement, nous ne savons à peu près rien de ces jeunes filles, et rien en tout cas qui autorise un rapprochement avec la situation de la comédie. Ce qui n'empêche pas que Corneille ait pu connaître dans la réalité une situation qui lui a donné l'idée de sa comédie. Il est même fort vraisemblable que le sonnet a été composé avant la pièce et qu'il témoigne d'une situation sentimentale à laquelle Corneille a pu être mêlé dans le milieu de la jeunesse rouennaise.

Peut-on préciser davantage ? Certains critiques se contentent de ces fragiles identifications. D'autres pensent qu'on ne peut rien savoir, et vont même parfois jusqu'à suggérer qu'à l'inverse de ce qu'elle prétend c'est la famille de Corneille qui a pu inventer, à partir du texte de la pièce, la version pseudo-autobiographique. On a parfois aussi tenté d'inverser le mythe, en faisant de Corneille, non le vainqueur, mais le vaincu, de l'intrigue sentimentale. Cette façon de penser me paraît à la fois plus féconde et plus conforme aux vraisemblances. Corneille, même jeune, n'a rien d'un séducteur ; le sonnet, dont il a été l'auteur véritable avant de l'attribuer à un personnage de théâtre, prouve à l'évidence qu'il n'est pas aimé ; il a pu ensuite brouiller les cartes en le déclarant fait pour un autre ; plutôt qu'à Tirsis, cynique et conquérant, il ressemblerait à l'Éraste de la comédie, légèrement caricaturé : maladroit, timide, obstiné, de caractère assez désagréable et enclin à la mégalomanie jusque dans son délire infernal. Quant à l'obstacle financier, il a pu jouer dans les deux sens : si Corneille n'a pas épousé la mystérieuse Rouennaise, c'est peut-être, comme on le croit généralement, parce qu'elle était trop riche pour lui, mais c'est peut-être aussi parce que, comme Éraste, c'est lui qui était trop riche pour elle. Dans une société où les clivages sont aussi précis que dans celle du XVIIᵉ siècle, les deux obstacles s'équivalent. Évincé malgré sa richesse, Corneille aurait ainsi gardé de cette aventure une blessure qui l'a marqué assez profondément, puisqu'on peut en retrouver la trace, non seulement dans *Mélite*, mais dans bien des œuvres postérieures. Naturellement, l'aventure en question, qui à mon sens reste hypothétique, n'est pas la seule source de *Mélite ;* Corneille l'a complétée par des souvenirs littéraires, empruntés surtout à Hardy, à Rotrou et à d'Urfé.

La comédie de *Mélite* est exceptionnellement longue (plus de deux mille vers dans l'édition originale) et complexe : dans son ardeur juvénile, Corneille y entassera plus de moyens qu'il n'est indispensable pour traduire des intentions subtiles ; mais cette richesse ne détruit pas la fraîcheur. Comme le soulignera l'*Examen* de 1660, la pièce n'observe pas des règles qui étaient en 1630 fort peu connues. De fait, la vraisemblance ne peut guère se trouver dans le mariage final d'Éraste et de Cloris, la liaison des scènes est rompue à huit reprises, le lieu doit comprendre trois maisons distinctes, sans compter la rue sur laquelle elles donnent, le temps, plein de loisir, convient plus à un roman où les périls se succèdent qu'à une pièce où brillerait la concentration, puisqu'il dure au moins quinze jours, et l'unité d'action enfin est rendue incomplète par l'intervention tardive de personnages secondaires et pourtant indispensables : Cliton, la Nourrice et Lisis ne parviennent à l'existence dramatique qu'au moment où l'on a besoin d'eux. Toutefois, une certaine aspiration à l'unité, par rapport aux normes de l'époque, est visible dans les domaines du lieu et de l'action : tout se passe dans la même ville, qui ne s'appellera Paris qu'à partir de l'édition de 1644, et les cinq personnages principaux sont liés entre eux par des liens assez forts pour que toute action de l'un entraîne des réactions chez les autres.

En réalité, l'action, déclenchée par l'irruption de Tirsis, est alimentée, non point, comme elle le sera dans la formule classique, par des obstacles que s'opposeront consciemment les antagonistes, mais par des épisodes d'où le hasard n'est point absent, qui frappent, avec le charme de l'imprévu, tantôt les uns, tantôt les autres, et qui sont moins des corollaires rigoureux d'une proposition initiale que des moyens imaginés par le dramaturge pour nourrir son propos. Parmi ces moyens, on peut s'étonner, puisqu'il s'agit d'une comédie du mariage, de ne pas trouver l'action des parents ; seule la mère de Mélite est mentionnée, et elle ne joue qu'un rôle très effacé. Corneille a voulu laisser à ses héros toute leur liberté, et il leur offre d'agir dans le cadre des cinq moyens dramaturgiques qu'il leur propose successivement. Ce chiffre est élevé ; pour sa première pièce, l'auteur de *Mélite* a pu craindre de manquer de matière. Aucun de ces moyens n'est exploité à fond, mais ils contribuent tous à l'animation de la comédie. Dans l'ordre de leur apparition, ils sont le sonnet, les fausses lettres, les projets de duel, la Nourrice et enfin la folie d'Éraste.

Le sonnet joue dans les deux premiers actes le rôle d'un révélateur des sentiments. Il matérialise le remplacement d'Éraste par Tirsis ; Éraste aurait dû être aimé et aurait dû écrire un sonnet ; Tirsis prend sa place, comme homme et comme écrivain. La littérature n'est donc ici qu'un signe de la réalité, ce qui la rend dramaturgiquement inutile ; de fait, le sonnet n'intervient plus après le troisième acte. Les fausses lettres, qui donnent à la pièce son sous-titre, jouent leur rôle du deuxième acte au quatrième; forgées par Éraste pour atteindre moins Tirsis que Cloris, elles se retournent contre leur auteur, mais n'atteignent pas leur plein emploi, qui serait une rupture, même provisoire, entre Tirsis et Mélite. Perspective également détournée dans le moyen du duel : il est envisagé entre Tirsis et Philandre, qui d'ailleurs s'esquive, mais pas entre les antagonistes véritables, Tirsis et Éraste. La Nourrice ne fait son entrée qu'au quatrième acte. A part quelques plaisanteries, elle sert surtout à rendre la raison à Éraste. La folie de celui-ci est l'épisode le plus brillant de la pièce et sans doute la raison de son choix par Montdory. Ce comédien au puissant tempérament est un spécialiste des fureurs; il s'illustrera plus tard dans celles d'Oreste pour l'*Andromaque* de Racine; il a sans doute voulu jouer celles d'Éraste. Corneille les a décrites comme un délire d'interprétation, utilisant un matériel imaginaire qui était souvent celui du Matamore de la farce. L'irréel rejoint le réel dans la scène où Éraste, prenant Philandre pour Minos, lui avoue la vérité. Trente ans plus tard, Corneille approuvera encore ce type de rapport, seul élément de structure possible dans une comédie de l'irréel, comme le montreront encore *l'Illusion comique* et *le Menteur*. Mais dans l'économie générale de *Mélite*, cette ingénieuse folie n'était pas indispensable; le remords aurait pu suffire à faire avouer Éraste.

Le vrai sujet de *Mélite* n'est pas dans ces artifices. Il est dans les hésitations d'une femme entre deux hommes et dans le changement scandaleux, que réprouve la morale précieuse mais que connaît la vie, provoqué par un nouvel amour. Il est décrit dans *Mélite* à un double niveau. Sur le plan de l'action principale, Mélite aimait Éraste, ou du moins le tolérait, puis elle aime Tirsis. Sur le plan de l'action secondaire, Cloris aimait Philandre, ou du moins se laissait aimer par lui, puis elle épouse Éraste. L'âpreté de ce sujet est atténuée, dans la mise en œuvre, par toute une série de procédés dramaturgiques et stylistiques, attestant ainsi, chez Corneille débutant, la volonté d'intégrer la puissance de la farce au ton de la bonne compagnie.

L'amertume d'Éraste est estompée, d'abord par son absence de toute la partie centrale de la pièce, et aussi parce que lui est accordée la dignité de personnage aristotélicien, que soulignent discrètement deux passages de la comédie : en présentant Tirsis à Mélite il a été l'artisan de son propre malheur, et la fourberie qu'il a imaginée s'est retournée contre lui. Coupable, mais en partie seulement, il peut donc recevoir au dénouement la compensation d'un mariage consolatoire. Les formes lyriques, empruntées à la tragédie, compensent, elles aussi, en même temps qu'elles l'expriment, la dureté d'un sujet traité selon les moyens d'une poésie à laquelle Corneille ne renoncera jamais. Scandée par ses dix monologues, par ses sentences, par ses stichomythies, la pièce recherche dans ses tirades l'alliance difficile de la majesté et de la finesse. Elle cherche aussi la variété des tons, que suggère son sujet lui-même. Le véritable comique de situation n'en est pas absent, comme lorsqu'au début du troisième acte Philandre, trompé par les fausses lettres, lâche la proie pour l'ombre et exprime un amour inauthentique par un aveuglement risible. Des menaces de duel ou de fausses nouvelles de mort risquent de faire sortir du domaine de la comédie. Corneille éprouve dès sa première pièce la tentation du tragique, que connaissent aussi les genres voisins de la tragi-comédie et de la pastorale, mais il sait y résister. Toutes ses premières comédies se déroulent dans cette atmosphère ambiguë.

Le problème essentiel de *Mélite* est celui du mariage. Il est traité de façon réaliste; chacun pèse soigneusement le pour et le contre de chaque possibilité; souvent, « amour » y signifie « mariage » et, en dépit des apparences, il s'agit moins de mariages d'amour que d'adaptations précises à des convenances sociales, où entrent en jeu, à côté des sentiments, l'agrément des rapports quotidiens, la sensualité, le rang social, et aussi l'argent. Pour trouver le meilleur parti, il est parfois nécessaire de rompre des engagements déjà pris, mais il faut le faire à bon escient. Philandre, qui s'est laissé tromper, est puni plus durement que le fourbe Éraste; il est absent du dénouement, on se moque de lui, et il reste seul. Par contre, les infidèles habiles, qui sont tous les autres personnages, sont récompensés. Ce jeu difficile est joué avec une certaine dureté. Les femmes de *Mélite* ne sont pas tendres. Les hommes se laissent emporter par la colère jusqu'à l'idée du duel, mais ont de cet usage une vision beaucoup plus prudente que dans la thématique glorieuse : personne n'a envie de mourir ou d'être obligé de s'enfuir après avoir tué son adversaire. L'argent, pièce essentielle du réalisme nouveau, n'est jamais oublié, et la pièce a soin de préciser les fortunes respectives de ses personnages. Le naturel des rapports entre les personnes est constamment poursuivi. Corneille dira en 1660 que sa pièce était « une peinture de la conversation des honnêtes gens ». Il s'y agit de comprendre, d'éprouver, d'agir, de lutter, de parvenir, mais aussi de bavarder parfois, de « jaser », comme on disait alors, par un discours presque aussi indirect que celui de Nathalie Sarraute. Le jeu va sans effort jusqu'à la sensualité, et la pièce est aussi une véritable symphonie de baisers. Tout ce réalisme reste élégant et se méfie des outrances et des grossièretés de la farce. C'est Poussin et non Le Nain.

Mélite est la cellule initiale, d'où va sortir une grande partie du théâtre cornélien. Dans les comédies qui suivent, Corneille reprend et approfondit les mêmes problèmes. Le conflit tragique du devoir et de la passion, souligné par la critique avec trop de complaisance peut-être, est déjà effleuré par Tirsis. Dans toutes ses pièces, Corneille voudra pousser plus loin que dans *Mélite*, mais en suivant la même direction, les deux qualités essentielles de sa dramaturgie : la souplesse, en cherchant des aménagements constants avec les règles, et l'invention, que favoriseront l'intériorisation des obstacles, la recherche de la rapidité et celle des éléments spectaculaires. Le problème central de *Mélite*, celui du changement amoureux, ne cessera pas d'être traité dans la comédie et débordera même sur la tragédie. Si c'est la jeune fille qui change, comme dans *Mélite*, on aura des comédies aimables, telles que *la Veuve, la Galerie du Palais, l'Illusion comique ;* l'homme en effet, ainsi que l'affirment explicitement les poésies personnelles de Corneille, est consolable. Mais si c'est l'homme qui change, on s'approchera du tragique parce que, dans l'univers cornélien, la femme est plus sensible que l'homme ; les héroïnes de *la Suivante*, de *la Place Royale*, de *Médée*, seront des femmes abandonnées.

Plus que toutes les autres pièces de Corneille, *Mélite* montre l'originalité et l'intérêt exceptionnel de la première édition. Lorsqu'il révisera en 1660 sa comédie de jeunesse, Corneille en modifiera environ cinq cents vers et en supprimera cent soixante-dix. Beaucoup de ces variantes témoignent d'un inlassable souci de style, mais beaucoup aussi sont des sacrifices aux bienséances. Parmi les principales victimes de cette révision, on peut relever les baisers, tous supprimés, les caresses et, bien entendu, les allusions à l'amour physique ou à l'enfant que les fiancés pourraient avoir. Toutes ces libertés pré-classiques auront la vie brève.

La tragi-comédie de *Clitandre* a dû être jouée à la fin de 1630 ou au début de 1631. Son succès semble avoir été médiocre, puisqu'elle a été publiée avec une relative rapidité, en mars 1632, avant *Mélite*. Tout en reprenant la disposition des principaux personnages de la comédie, deux femmes que se disputent trois hommes, elle est à beaucoup d'égards comme l'antithèse de *Mélite*. En particulier, loin de prôner le changement amoureux, elle montre les coups qui frappent des personnages obstinés dans leurs amours. Elle emporte ces personnages dans l'univers frénétique de la tragi-comédie où la violence sans cesse répétée se fait vertu. Le plus actif de ses héros, Pymante, héritier de l'Éraste de *Mélite*, pousse la fourberie jusqu'au crime : il ne respire que l'assassinat et le viol, et, au cours d'une de ses tentatives, il se fait crever un œil par une jeune fille qui elle-même avait voulu tuer celle qu'elle croyait sa rivale. Cette atmosphère d'immoralité hautaine et de volonté forcenée est déjà celle de bien des tragédies que Corneille écrira plus tard. Mais elle n'est obtenue ici que par une excessive compli-cation. L'action y est surabondante, même pour une époque qui fut généreuse à cet égard. L'horreur y est recherchée moins dans des situations croyables que dans des spectacles frappants : duels, pour-suites et attentats, déguisements pour échapper à la police ; on voit un héros en prison, un autre dans son lit ; dans une forêt vaguement shakes-pearienne, on entend le tonnerre, puis des cors de chasse. Pour suivre les personnages dans leurs chevauchées, quatre ou cinq lieux distincts sont nécessaires ; ils entraînent naturellement des ruptures dans la liaison des scènes. Par contre, l'unité de temps est respectée. C'est par une espèce de bravade, assurera Corneille, qu'il a imposé cette règle nouvelle à une matière qui la demandait si peu.

Avec une structure d'une telle liberté, il n'est pas étonnant que *Clitandre* ignore les bienséances et les vraisemblances qu'exigera l'époque classique. Corneille aura beau, dans les éditions ultérieures, effacer quelques baisers, il ne pourra pas supprimer les éléments consubstantiels au sujet qui choqueront bientôt le nouveau public, et qui sont nombreux. A la scène du viol manqué et de l'œil crevé, à celle du lit, il faut ajouter celle où Rosidor tue deux hommes à la vue du public et celle où Pymante se rend coupable de la tentative la plus exécrable pour l'époque, celle de régicide. Il faut aussi préciser que les relations de Clitandre et du Prince sont discrètement présentées comme homosexuelles, ce qui n'empêche pas ce dernier d'approuver à la fin le mariage de celui que l'*Argument* de la pièce appelle assez clairement son « mignon ». Quant aux invraisemblances, elles sont légion, et il serait fastidieux d'en détailler longuement la complexité. Elles reposent sur les coïncidences les plus étranges, les arrivées soudaines les plus opportunes et les moins motivées, les quiproquos les plus incroyables, les aveuglements dont le moindre déguisement est le prétexte. On ne saurait pourtant juger la pièce en fonction d'une esthétique que visible-ment elle réprouve. Ce qu'elle propose, au-delà d'une psychologie rationnelle, c'est un monde du mensonge universel. Le mensonge, âme du théâtre, est si répandu qu'il pousse les personnages de *Clitandre* à ne jamais croire ce qu'ils voient, et à s'élancer par suite, loin du réel, dans les rebondissements les plus fous. Le ricochet de fourberies qui les entraîne les uns contre les autres n'est pas, comme il le sera plus tard, un moyen de parvenir, mais un témoignage du danger permanent qui vous assiège dans un monde où rien n'est stable.

C'est dire que, malgré ses outrances, *Clitandre* vaut comme expé-rience du baroque. Corneille en a cherché la valeur dans l'excès même. Au niveau du détail, il a trouvé des accents poétiques dont la faible motivation est rachetée par l'indéniable authenticité. La notation réaliste originale, le contact sincère avec la nature, et jusqu'à la mystérieuse fluidité du discours poétique n'y sont pas rares. Piètre modèle de dramaturgie, *Clitandre* est, avec la vigueur intrépide de la jeunesse, un exercice de style.

Après l'échec, tout provisoire d'ailleurs, de l'outrance baroque qu'était *Clitandre*, Corneille revient à la comédie de mœurs avec sa pièce suivante, *la Veuve*. Il s'y souvient de nombreuses situations de *Mélite* et y reprend en particulier le nombre et la disposition des personnages principaux. Ce sont toujours deux femmes et trois hommes, ce qui promet infailliblement l'un de ceux-ci à l'abandon. Mais ce schéma est ici vidé de son contenu, car le problème principal est réglé, pour l'essentiel, dès la quatrième scène du deuxième acte. Clarice, qui est veuve afin de pouvoir se remarier librement, est beaucoup plus riche que Philiste, à qui l'unit un amour réciproque, mais muet. Ce sera la donnée des *Fausses Confidences* de Marivaux. Irritée par les objections de sa nourrice, Clarice parvient très vite à décider ce mariage. La pièce serait finie si un obstacle extérieur ne venait relayer le problème psychologique. Clarice est enlevée par un soupirant jaloux, mais, là encore, du mal naît un bien et l'honnête Célidan reconnaît qu'il a été trompé, révèle la vérité et reçoit en récompense Doris, sœur de Philiste.

Toute une société est évoquée par cette mince intrigue. Le moteur en est l'argent, avec sa face institutionnelle, la respectabilité. Ceux qui sont démunis n'ont qu'une ressource, mentir, et les personnages de *la Veuve* mentent presque sans arrêt. Corneille a fait de sa comédie un exercice dramaturgique sur le mensonge, qui intériorise les obstacles comme les sentiments. Philiste ment par respect, Alcidon par perfidie, Célidan par générosité, Doris par obéissance. Celle-ci est la martyre souriante du changement amoureux, puisqu'elle accepterait successivement, au cours de la pièce, d'épouser Alcidon, puis Florange, et enfin Célidan.

L'action de *la Veuve* est beaucoup plus simple que celle de *Mélite*. Elle se déroule de façon linéaire et parfois avec une brusquerie qui, paradoxalement, fait paraître plus lents les passages où les conséquences des événements ne sont pas pleinement exploitées. C'est le cas en particulier du dernier acte, qui, comme Corneille le comprendra plus tard, souffre de ce que le problème principal a déjà été résolu. Les lieux représentés comprennent deux maisons, la rue qui les dessert, et un jardin, dans lequel l'enlèvement est mis en scène de façon pittoresque. Pour le temps, Corneille a réalisé un compromis entre les vingt-quatre heures, dont *Clitandre* lui avait montré les difficultés, et la liberté infinie des pré-classiques. Sa *Veuve* dure cinq jours, un par acte. A l'intérieur de ceux-ci, les liaisons des scènes sont aussi peu observées que dans *Mélite*, ce qui permet aux jeux temporels une grande élasticité. Les motivations et les vraisemblances ne sont pas trop solides, et il ne faudrait pas les scruter d'un œil trop exigeant. Les bienséances sont celles de l'époque, c'est-à-dire fort larges; elles vivent leurs dernières années. Les baisers, sans perdre leur valeur sensuelle, semblent acquérir une signification de convenances et sont acceptés par tous; il y a en quelque sorte socialisation du baiser.

Les défauts de structure de *la Veuve* n'ont pas frappé les contemporains. Ceux-ci ont été sensibles, par contre, à la finesse des détails, tant dans la psychologie que dans l'expression. Les personnages sont bien différenciés. Philiste, respectueux avec Clarice, est avec tout autre autoritaire et même bouillant. La veuve qu'il aime est directe et décidée. La malicieuse Doris est un modèle d'obéissance filiale. Alcidon se meut d'un bout à l'autre dans le monde de la fourberie. Célidan, d'abord trompé et complice, parvient à la vérité et à la bonté, et permet l'heureux dénouement. L'écriture de *la Veuve* est plus subtile que celle de *Mélite*. Le procédé assez facile du monologue, qui dans *Clitandre* parvenait à occuper plus du tiers des vers de la pièce, y est en nette régression. Par contre, des stances, plus lyriques et plus élaborées, font leur apparition; Philiste, puis Clarice, en prononcent. Surtout, Corneille s'est plu à mettre au point une écriture du mensonge, sans recourir à la tradition des apartés dont la farce avait abusé. Plusieurs scènes font comprendre ingénieusement, mais clairement, que le personnage pense autre chose que ce qu'il dit sur le ton le plus convaincu.

C'est pourquoi *la Veuve* a obtenu en son temps un grand succès. Jouée en 1631 ou 1632, elle n'a été imprimée qu'en 1634. L'édition originale la fait précéder de vingt-six poèmes louangeurs fournis par des contemporains; parmi eux, quelques-uns deviendront, autour de Corneille lui-même, les auteurs dramatiques les plus appréciés de l'époque : Scudéry, Mairet, Rotrou, Du Ryer, Boisrobert, d'Ouville, Claveret. L'estime de ses pairs dut encourager le jeune Corneille à persévérer dans la voie de la comédie.

La Galerie du Palais reprend la description, qu'avait inaugurée *Mélite*, du changement amoureux, mais en y ajoutant la recherche plus affirmée de deux objectifs essentiels, le réalisme d'une part et d'autre part une relative régularité. Cette nouvelle comédie propose, à deux reprises, le spectacle très vivant, et nouveau dans le théâtre d'alors, de marchands commerçant avec les personnages dans les boutiques qu'abritait une des galeries les plus fréquentées du Palais de Justice. Un libraire, une lingère et un mercier vendent ou tentent de vendre leur marchandise, observent les passants ou se disputent. Le pittoresque est recherché aussi par d'autres moyens. Les personnages sont plus nombreux que dans les comédies précédentes. A côté des amoureux et de leurs parents, ils font une place importante aux intermédiaires obligés que sont les domestiques évolués. Un « écuyer » occupe huit scènes, exerce une action personnelle, se démène tant qu'il faut à la fin lui pardonner. Un autre écuyer a été attaqué par des voleurs en traversant la Seine. Une « suivante » délurée, jouée par une actrice, remplace le type archaïque de la nourrice, interprété naguère en charge grotesque par un homme masqué. Ces éléments ont sans doute contribué au succès de la pièce, qui fut vif. Corneille dit que sa *Galerie du Palais* a été la plus « heureuse » de ses six premières comédies, ce que confirme la longueur de l'intervalle entre représentation et publication : jouée sans doute en 1632, la pièce n'a été imprimée qu'en février 1637, après le triomphe du *Cid*.

Bien qu'elle conserve encore des caractères archaïques, cette *Galerie* marque un progrès vers une certaine régularité. L'action, malgré les épisodes pittoresques qui lui restent extérieurs, est, pour l'essentiel, intériorisée et centrée sur la psychologie des personnages. La curiosité y est ménagée jusqu'à la fin. Le temps y est limité à quelques jours. Le lieu représente, soit les boutiques de la Galerie, soit la rue qui longe les maisons des deux familles dont est contée l'histoire. La liaison des scènes est presque partout respectée. Les monologues sont, comme le voudront les théoriciens postérieurs, soit très courts, soit justifiables par l'émotion du personnage.

La soumission à ces contraintes contraste, d'une manière peut-être contestable, avec l'étrange hardiesse du contenu. *La Galerie du Palais* repose sur une psychologie pure et presque abstraite, analysant par l'expérience les attraits et les dangers de la liberté. Corneille a refusé à ses personnages les obstacles traditionnels. Tous ses jeunes gens sont riches, et l'argent ne joue aucun rôle dans leurs hésitations. Ils ont des parents bons et intelligents, qui les laissent libres de se marier à leur guise. La déviation ne peut donc venir que d'eux-mêmes. C'est pourquoi, un beau jour, Célidée découvre qu'elle est fatiguée de Lysandre. Les susceptibilités, les manœuvres des amis ou des domestiques déclenchent les engrenages de la jalousie. On prend au mot ce qui n'était peut-être qu'une épreuve. Le jeu de Célidée qui agit, sans s'en rendre compte, contre son meilleur jugement, marche trop bien. Pour y répondre, Lysandre emploie la même arme : il feint d'aimer Hippolyte.

En même temps que dans la complication, on s'enfonce dans une dureté qui devient insoutenable pour le véritable amour : trop malheureux, les amants bizarres s'avouent leurs mensonges et ne peuvent plus que se marier. Jeu significatif, encore que gratuit : Corneille a prêté son goût de l'expérience à son héroïne et soupçonne déjà le paradoxe de sa future *Place Royale*, la liberté d'aimer engendrant le refus d'aimer.

La comédie de *la Suivante* jouée sans doute en 1633, est l'objet d'une recherche formelle plus poussée que dans aucune des pièces antérieures de Corneille. Les trois unités y sont respectées presque parfaitement : celle d'action, malgré les difficultés mineures que signale l'*Examen*, celle du lieu, limité à une maison, et celle du temps, qui ne dépasse guère celui de la représentation elle-même. Toutes les scènes y sont liées. Une *Dédicace*, adressée à un inconnu, traite longuement et avec bon sens de deux problèmes conjoints, celui de la régularité et celui du rapport avec le public. Le propos de *la Suivante* n'est pas seulement d'observer les règles ; il est aussi de montrer une virtuosité exceptionnelle dans l'emploi des formes littéraires. Les monologues, souvent rendus utiles par les nombreuses dissimulations, occupent, en y comptant les stances lyriques prononcées par les trois personnages principaux, plus du cinquième des vers de la pièce. Par un tour de force qu'il regrettera plus tard, Corneille fait s'opposer deux personnages en quarante répliques d'exactement un vers chacune ; cette rigide stichomythie est la plus longue du siècle. Il a également voulu que chacun des cinq actes ait exactement la même longueur : 340 vers chacun, ni plus, ni moins.

Ces soins ne s'accompagnent pas d'une rigueur pareille dans le contenu de la comédie. Corneille y a utilisé les mêmes ingrédients que dans plusieurs de ses œuvres antérieures, essentiellement le mensonge et l'argent, mais en les faisant entrer dans de nouvelles combinaisons. Par une dangereuse habileté, renouvelée de celle de *la Veuve*, le mécanisme du mensonge est mis en place dès la première scène et va permettre une ample moisson de fourberies et de quiproquos. L'argent, que *la Galerie du Palais* mettait entre parenthèses, revient au premier plan. Il permet que tous les personnages, ou presque, orientent leurs amours en fonction de la hiérarchie des fortunes, et explique surtout la création de l'originale figure qui fournit le titre de la comédie. La suivante, Amarante, n'est ni une domestique au sens actuel du terme, ni une servante, ni une soubrette, ni une gouvernante. Elle est jeune, belle, élégante, intelligente, aimable, mais pauvre. Son statut vis-à-vis de sa maîtresse Daphnis et des jeunes gens qui fréquentent la maison est ambigu. Daphnis semble la traiter en amie et respecter sa féminité à l'égal de la sienne propre, mais ne laisse pas de lui imposer des tâches ménagères ou de lui montrer à l'occasion de l'agacement, voire de l'aigreur. C'est que l'habitude s'est prise de faire la cour à Amarante, avec plus ou moins de sincérité, pour parvenir jusqu'à Daphnis. Cette suivante ambitieuse joue ainsi le rôle qui sera plus tard celui de Mademoiselle de Lespinasse auprès de Madame du Deffand, ou, sur un autre plan, celui qu'évoquera *la Station Champbaudet* de Labiche. Sans fortune, dans un monde où la fortune est tout, elle tient beaucoup aux égards qui lui sont dus. Le « vous » et le « tu », avec Daphnis et avec les familiers de la maison, sont réciproques. Quand Clarimond se permet de la tutoyer et de lui offrir un diamant, elle lui fait comprendre son manque de tact. Mais elle n'a aucun moyen d'action véritable sur l'intrigue et sa ruse ne peut reculer que de quelques heures le mariage qui la désespère. Son inefficacité dramaturgique, malgré l'intérêt psychologique et social de son rôle, oblige à alimenter la comédie par d'autres éléments qui la compliquent.

Daphnis est aimée par trois jeunes gens, Théante, Clarimond et Florame. Tous trois feignent d'aimer Amarante. Théante, reprenant le schéma de *Mélite*, a commis l'imprudence d'introduire auprès d'Amarante et de sa maîtresse son ami Florame, plus aimable que lui. Effectivement, c'est pour Florame que Daphnis se déclare. En outre, le vieux père de Daphnis, Géraste, aime Florise, sœur de Florame ; pour avoir celle-ci il est prêt à donner sa fille à Florame, bien que la fortune du jeune homme ne soit pas tout à fait suffisante. Le marché est conclu, et sera exécuté. Pour tenter de le rompre, Théante imagine plusieurs projets de duel ; mais comme il tient à la vie et à sa tranquillité, il envisage, non de se battre lui-même, mais de provoquer un conflit entre ses deux rivaux, Florame et Clarimond ; dans ces cas-là, estime-t-il, l'un est tué et l'autre doit s'enfuir. C'est sans doute cette situation qui explique l'introduction, au reste peu utile, du troisième soupirant, Clarimond. Ces projets n'aboutissent pas plus que les manœuvres d'Amarante. Pour faire durer les équivoques, un quiproquo bien peu croyable emplit presque toute la seconde moitié de la pièce. Le nom du fiancé sur lequel s'accordent Daphnis et son père n'est pas prononcé, ce qui permet deux interprétations différentes. Il suffira que le père, la fille et le fiancé se rencontrent pour que la vérité apparaisse, laissant Amarante à son amertume.

Après les exercices que sont ces œuvres de jeunesse, *la Place Royale* apparaît comme le premier chef-d'œuvre de Corneille. Elle l'est moins par des perfectionnements techniques que par l'originalité et la péné-tration des vues, en apparence paradoxales, qu'elle apporte sur la condition humaine. Créée à la fin de 1633 ou au début de 1634, cette comédie porte un titre trompeur, qui semble promettre une continuation du pittoresque parisien qu'offrait *la Galerie du Palais*; cette promesse n'est pas tenue; Corneille s'est borné à emprunter un titre à la mode à l'un de ses rivaux, Claveret, qui avait fait jouer avant lui une autre *Place Royale* dont le texte ne nous est pas parvenu; la pièce de Corneille n'évoque l'actuelle Place des Vosges que comme un prestigieux décor, nullement décrit en lui-même, pour une troublante aventure.

La Place Royale est alors une résidence de grand luxe. Les personnages qui y logent n'ont aucun problème d'argent. Comme ils n'ont pas non plus de parents qui contraignent ou orientent leurs projets matrimoniaux, ils peuvent être le lieu d'une expérience pure de la liberté. Ils sont jeunes, et c'est naturellement l'amour qui est au centre de leurs réflexions comme de leurs actions. Le problème de l'amour est coloré pour eux par les deux grandes idéologies de leur temps, celle de la préciosité et celle du baroque. Elles sont ici antagonistes. Pour les Précieux, l'amour est la valeur suprême. Il entraîne un code de conduite rigoureux et peut exiger de durs sacrifices. Aussi les deux jeunes filles de *la Place Royale* tentent-elles de se protéger contre ce maître impitoyable, Angélique en se cramponnant à une fidélité désespérée qui la mènera, au dernier vers de la comédie, jusqu'à Dieu, Philis au contraire en se réfugiant dans la multiplicité de plaisirs inessentiels.

Mais la conception baroque du monde conteste la nécessité et surtout la durabilité de l'amour. Dans un univers défini par le changement, l'amour est, dans l'instant, aliénation injustifiée et, de toute façon, il est condamné à périr : les hommes et les femmes vieillissent et se lassent. C'est pourquoi Alidor, pourtant aimant et aimé, place au centre de sa vie, non l'amour, mais la liberté. Il la défend avec une ingéniosité diabolique et une vigueur masculine. Alors que dans les comédies antérieures, qui ne contestaient pas les conceptions précieuses, tout dépendait, en définitive, des femmes, celles-ci perdent ici l'initiative, et *la Place Royale* s'ordonne presque entière en fonction des décisions du seul Alidor. Celui-ci met avec persévérance l'amour en accusation. Il engage ainsi le théâtre cornélien dans la série des hauts conflits qui opposeront l'amour à quelque autre idéal : la gloire dans *le Cid*, la patrie dans *Horace*, la religion dans *Polyeucte*. Dans *la Place Royale*, c'est la liberté qui est la digne ennemie de l'amour; elle dénonce en lui une prison; mais cette prison où les Précieux s'enfermaient avec joie, Alidor la refuse, aux dépens de son bonheur même. Sa revendication de la liberté est absolue parce qu'elle se situe au point de convergence de trois ordres d'importance vitale pour le Corneille de 1633. Dans l'ordre chrétien, l'enseignement des Jésuites par lequel l'auteur de *la Place Royale* a été formé et qui le marquera pour toute sa vie donne à la liberté humaine une place déterminante. Dans l'ordre dramaturgique, le système classique, à l'élaboration duquel le jeune Corneille participe activement dans ces années décisives, a pour condition nécessaire et pour fondement la liberté du personnage. Dans l'ordre social enfin, le redressement effectué par Richelieu et qui commence, aux yeux de tous, à porter ses fruits, encourage les membres des classes dirigeantes à poursuivre librement, sous l'égide d'un gouvernement fort, des buts individuels. Les habitants de la Place Royale sont donc nécessairement des aristocrates actifs.

Parmi eux, Alidor est celui qui recule le moins devant les conséquences extrêmes d'une éthique de la liberté. Pour conjurer les périls de l'amour, il plonge sa fiancée dans le désespoir, mais il accepte aussi pour lui-même les affres de l'anti-jalousie. Par un terrible effort sur ses sentiments, que seul un profond ressentiment contre l'amour peut expliquer, il tente de donner son Angélique à Cléandre. En une démarche à la fois pathétique et comique, il emploie des moyens plus énergiques que ses fins. La disproportion ne lui apparaît pas plus qu'aux personnages du récit traditionnel de Grisélidis, dont Perrault contera à nouveau l'histoire, et où la fidélité d'une femme est mise à l'épreuve jusqu'à ce qu'elle vieillisse. Angélique n'a sans doute pas tort de refuser un pareil traitement.

Dans sa *Dédicace* à un personnage inconnu, qui ressemble beaucoup au Monsieur Teste de Valéry, Corneille souligne avec force les exigences de la liberté amoureuse dont *la Place Royale* apporte l'illustration. Malheureusement, un quart de siècle plus tard, quand il écrit l'*Examen* de la pièce, il le limite à des considérations de dramaturgie formelle qui rendent nécessaire un examen de cet *Examen*. Le dénouement, dit-il en substance, est décevant en ce que les principaux personnages ne s'y marient pas. Invoquant *le Misanthrope*, on peut estimer au contraire qu'il s'agit d'un admirable dénouement, montrant la continuité paradoxale d'un caractère et son prolongement vers l'avenir, au-delà des limites étroites de la pièce. Alidor, dit encore Corneille, amoureux de son repos, devrait se contenter d'avoir donné Angélique à Doraste et ne pas s'embarrasser d'un nouvel effort pour Cléandre. S'il est vrai qu'il y a là un excès, mais caractéristique du personnage, on peut, invoquant *Lorenzaccio*, rétorquer qu'Alidor aime, non son repos, mais le revirement, et qu'il veut sans cesse ce qu'il n'a pas. Lorsque enfin le Corneille de 1660 regrette qu'Angélique heurte les bienséances, je suis tenté, invoquant *l'Annonce faite à Marie*, de saluer au contraire cette pure et pauvre héroïne dont l'amour bafoué ne pouvait trouver aucune autre solution que le sacrifice qu'elle accepte à chaque péripétie plus douloureusement qu'à la précédente et qui la conduit à un véritable suicide moral.

La technique dramatique n'est pas pour autant négligée dans cette œuvre si hardie. Corneille y a au contraire apporté tous ses soins. Il a réutilisé des relations entre personnages ou des thèmes déjà employés dans ses quatre comédies antérieures, mais en les nouant plus vigoureusement; la seconde héroïne notamment, Philis, est mieux intégrée à l'action principale, à laquelle elle contribue. L'exposition a du relief, car de la discussion idéologique résulte immédiatement l'action. Le temps ne dépasse pas vingt-quatre heures. Le décor représente les deux maisons contiguës des jeunes filles sur la Place Royale, sauf pour un assez court moment où le spectacle se transporte dans une pièce de la maison d'Angélique. La liaison des scènes est observée partout, à une exception près, et l'action est unifiée. Celle-ci est généreusement alimentée par des monologues et des péripéties. Les monologues occupent plus du quart des vers de la pièce. Rarement émotifs, ils sont souvent des méditations ou des analyses, conduisant à des décisions aussitôt appliquées. Trois d'entre eux prennent la forme lyrique de stances. Les dernières, prononcées par Alidor, reproduisent, en un écho mélancolique, la disposition strophique qui terminait *la Suivante*. Quant aux péripéties, elles sont à cette date une importante nouveauté dramaturgique : bien souvent le théâtre pré-classique cherchait le mouvement sans parvenir à le trouver. Une dizaine de revirements, presque tous fort surprenants pour le public, animent et scandent *la Place Royale*.

Cette précision de l'écriture dramatique s'accompagne d'un souci du gestuel qui lui non plus n'est pas fréquent dans un théâtre fondé sur le discours. Par une brusquerie exceptionnelle, Angélique est presque escamotée à la fin de la première scène. La lettre déchirée avec rage, le miroir de ceinture devenu accusateur, le portrait de Philis, font véritablement jouer ces accessoires. Le cabinet d'Angélique ne rompt l'unité de lieu que pour animer dramatiquement l'espace. Un silence et un geste y sont importants. Le silence est celui d'Alidor agenouillé qui, comme dans la grande scène du *Richard III* de Shakespeare (que Corneille ignorait à peu près certainement) convainc par sa seule présence. Le geste est l'offre que fait le héros de son épée à la jeune fille, pour qu'elle le tue. Au quatrième acte, l'enlèvement est mis en scène dans les moindres détails; sa préparation et ses conséquences occupent l'acte entier. Le dénouement enfin est souligné par les mouvements scéniques, qui sont au nombre de trois : de nombreux amis parlementant avec les deux héros, leur tête-à-tête, et la solitude d'Alidor.

Les personnages, comme il convient à un théâtre d'action, sont caractérisés moins par une psychologie essentialiste que par ce qu'ils font. Alidor est le plus complexe. Sa poursuite de sa propre liberté est systématique, mais ses moyens sont souvent tortueux. Ne proclamant pas, en général, ses véritables buts, il s'arrange pour créer des situations où ce seront les autres qui exigeront ce qu'il désire. Il ne réussit pas toujours ; mais quand il est dans l'embarras, il invente instantanément des explications plausibles. Il est cruel, parce que le masochisme engendre le sadisme. Il est conséquent avec lui-même, à travers des volte-face qui déconcertent autrui mais témoignent surtout, en dehors de sa souplesse, de sa pertinacité. Celle-ci est extrême. Quand il a amené Angélique, au troisième acte, à accepter d'épouser Doraste, il pourrait estimer qu'il a atteint son but. Mais par amitié pour Cléandre, il va plus loin et fait repartir l'action sur un enlèvement qui se révèle néfaste pour lui. Au cinquième acte en effet, il est reconquis par l'amour d'Angélique, jusqu'à ce que le refus final de la jeune fille lui inspire une paradoxale satisfaction. Homme baroque, il fluctue sans cesse, mais non selon les hasards du monde : selon sa rigoureuse doctrine.

Angélique lui ressemble, comme le suggèrent plusieurs passages de la comédie. Son amour de l'amour est aussi entier que la terreur de l'amour qui habite Alidor. Objectivement, ils sont complices ; des complices qui ne peuvent que se déchirer. Philis, malgré son charme enjoué, pousse, elle aussi, son attitude, qui est l'indifférence amoureuse, jusqu'à un paroxysme difficilement croyable, encore que d'une grande commodité dramaturgique. Quant à Cléandre et à Doraste, ils vivent surtout par procuration, comptant essentiellement, pour être heureux, le premier sur Alidor, le second sur Philis.

Avec ces idées, ces actions et ces personnages, la pièce est nécessairement tendue. Elle dépasse visiblement les limites traditionnelles de la comédie. Pourtant Corneille a voulu qu'elle ait aussi, à côté de ses résonances tragiques, une saveur qui la rende risible. Alidor est décrit par le sous-titre comme un amoureux extravagant, et, en un sens, il l'est. Le bon sens, l'adaptation à une norme sociale, lui manquent incontestablement. L'action qu'il déclenche possède indiscernablement et dans le même mouvement l'exemplarité du tragique et le caractère de risible exception qui est celui du comique. Cette réussite périlleuse ne pouvait sans doute pas être répétée. Le conflit d'Alidor entre l'amour et le refus de l'amour deviendra, avec de tout autres motivations, celui de Rodrigue. En tout cas, *la Place Royale* clôt la première série des comédies cornéliennes et, par sa dureté, oblige son auteur à aborder la tragédie.

Le genre tragique revenait à la mode. Le succès éclatant de la *Sophonisbe* de Mairet venait d'inciter quelques autres auteurs dramatiques à s'engager dans cette direction encore peu explorée par la nouvelle génération. Corneille l'essaya à son tour, mais avec prudence. Il choisit un sujet, celui de *Médée*, déjà traité par deux auteurs célèbres de l'Antiquité, Euripide et Sénèque. C'était privilégier la violence : comme Alidor, mais avec des conséquences plus terribles, la meurtrière Médée est une héroïne de la volonté qui brise tous les obstacles. Mais c'était aussi un choix prudent, qui abritait le débutant en tragédie derrière le prestige culturel de ses modèles. Peut-être aussi le choix de Corneille fut-il influencé par les interprètes dont il disposait. Le puissant talent de Montdory était, depuis longtemps, à l'étroit dans la comédie. Mademoiselle Villiers affirmait son tempérament avec fougue. En outre, ils se détestaient, ce qui les désignait pour jouer Jason et Médée. Tallemant des Réaux attestera : « La haine qui fut entre eux fut cause qu'à l'envi l'un de l'autre ils se firent deux si excellentes personnes dans leur métier ».

En tout cas, Corneille ajouta aux événements que lui fournissaient ses modèles antiques d'importants développements qui modifient considérablement l'équilibre dramaturgique du sujet. Créuse, invisible chez Euripide et chez Sénèque, devient un personnage de la pièce. Sa mort horrible est montrée sur la scène, ainsi que celle de son père Créon. L'imprudence de ce roi devant Médée est atténuée, par trois moyens qu'indique l'*Examen* de Corneille : le jour de délai et le cadeau de la robe sont dus, non à l'initiative de Médée, mais à celle de Créon et de Créuse; et la robe empoisonnée est essayée d'abord, en vain d'ailleurs, sur une criminelle. Le caractère de Jason est beaucoup plus fouillé que dans les sources, où il n'était guère qu'un inconstant buté; son rôle est six fois plus long que dans Sénèque; bien que son évolution soit imprécise et sa cohérence discutable, il rassemble des éléments intéressants et nouveaux. Il explique dès la première scène qu'il épouse Créuse moins par sentiment que sous la pression des nécessités politiques : la notion d'amour politique, centrale dans les tragédies de la vieillesse de Corneille, naît ici. Mais Jason sait également être aussi violent que Médée. Il envisage, lui aussi, de tuer leurs propres enfants. En lui et dans d'autres aspects de la pièce, le sujet est à la fois politisé et baroquisé.

Pour l'enrichir davantage, Corneille a en outre développé le personnage du vieux roi d'Athènes, Égée, à qui Euripide ne donnait qu'une scène. Les actions prêtées à Égée appartiennent à la thématique de la tragi-comédie, dont la tragédie, comme *le Cid* le montrera mieux encore, ne parvient pas facilement à se distinguer. Égée aime Créuse; repoussé par elle, il l'enlève; mais Jason la libère et ce roi imprudent, qui a souillé son prestige plus encore qu'il n'a contraint la vraisemblance, est mis dans une prison, où il se lamente; il en sera délivré par la puissance magique de Médée. Ce pouvoir est aussi, de la part de Corneille, un choix dramaturgique. Dans les tragédies antiques,

Médée, moins que magicienne, était une femme pitoyable et terrible
à la fois; sa magie ne lui fournissait que les moyens de sa vengeance et
de sa fuite. Corneille au contraire assume en totalité les conséquences
du pouvoir magique, qui sont montrées de façon détaillée. Une
baguette suffit à ouvrir la prison d'Égée. Le poison préparé par Médée
n'est pas un poison ordinaire : il est sélectif. Il a reçu pour instructions
de tuer Créuse et Créon. Il ne fait aucun mal aux autres personnes qui
le touchent, et qui sont les enfants, Nérine et même Jason. Celui-ci
se perce à la fin de son épée, moins par désespoir d'avoir perdu Créuse
et ses enfants que parce que, comme il l'explique, le pouvoir magique
de Médée étant irrésistible, il comprend qu'il ne pourra jamais se
venger d'elle, comme il l'avait promis à Créuse mourante. Dans ces
conditions, aucun pouvoir humain ne peut s'opposer à Médée; elle
deviendrait aisément, si l'auteur le voulait, maîtresse du monde. La
magie, que Corneille ne cessera pourtant jamais d'aimer, révèle ainsi,
sur le plan dramaturgique, sa facilité dangereuse; si elle peut tout, elle
détruit toute intrigue. C'est pourquoi le magicien de la pièce suivante,
l'*Illusion comique*, ne sera plus qu'un montreur.

Ces innovations ne sont donc pas toutes heureuses, mais permettent
souvent d'enrichir la peinture des personnages. Mieux que dans
l'antique, semble-t-il, Jason, plein d'assurance, d'astuce et de cynisme,
est faible par son amour pour ses enfants; Médée joue souverainement
de sa perversité et de son intrépidité; loin de se découvrir dans la
journée tragique, ils portent tous deux le poids d'un passé lourd de
crimes. Moins coupable, Créuse n'est pas plus sympathique : sa
morale de midinette, sa sensualité naïve et animale, son égoïsme
imprévoyant font presque d'elle une caricature; par ses demandes, elle
pousse à bout Médée, qu'elle tend à déposséder de ses qualités d'épouse,
de mère et même de femme. Mais, comme son père, elle est un personnage aristotélicien en ce que ses fautes sont dépassées par l'atrocité de
la punition qu'elle a provoquée.

Médée a été écrite avec soin. Les monologues y sont nombreux et
ornés, les recherches formelles s'y orientent vers la noblesse et le
lyrisme. Le lieu y est à la fois unique et diversifié, comme le voulait
l'usage de l'époque : sur la place publique donnent le temple, le palais
de Créon, la maison de Médée avec la grotte où elle prépare ses
ingrédients magiques, et la prison. Le temps ne dépasse pas une
dizaine d'heures. La liaison des scènes y est presque toujours respectée.
Les éléments de spectacle sont abondants dans les deux derniers
actes : on voit Médée versant des poisons sur sa robe, Égée en prison,
puis délivré, un domestique immobilisé par un coup de baguette
magique, Créon et sa fille dévorés par un feu invisible, mais mortel,
Médée s'envolant dans un char tiré par deux dragons, et Jason se

suicidant enfin. On ne se plaindra pas ici que la tragédie classique soit une conversation sous un lustre.

La création de *Médée* se situe sans doute vers les débuts de l'année 1635. Peu après, ou peut-être peu avant, en tout cas à la fin de février, Corneille dut exécuter une commande. Le Cardinal de Richelieu avait eu une idée de pièce, et cette pièce, pour la première fois dans l'histoire du théâtre français, fut écrite en collaboration par plusieurs auteurs. Le plan fut établi par Chapelain, et chaque acte rédigé par un auteur différent. Corneille fut l'un de ces Cinq Auteurs. Les autres étaient Rotrou, Boisrobert, Colletet et L'Estoile. La pièce, conformément sans doute à la suggestion de Richelieu, rassemble de nombreux épisodes qui prennent tous place en différents endroits du Jardin des Tuileries, et s'appelle pour cette raison *la Comédie des Tuileries*. Elle comporte des éléments de comédie et d'autres qui appartiennent au genre démodé de la pastorale. Archaïque et artificielle dans sa conception, elle respecte superficiellement les règles nouvelles. On s'est demandé lequel de ses actes Corneille avait rédigé. Selon une tradition qui n'a été révélée que par Voltaire mais qui remonte peut-être à la famille de Corneille, ce serait le troisième. L'étude des critères internes et des vraisemblances confirme cette possibilité. Toutefois, l'attribution ne peut être prouvée avec certitude, et de toute façon Corneille n'a fait que versifier un canevas conçu par d'autres. C'est pourquoi je ne crois pas utile d'inclure ce médiocre fragment dans la présente édition.

C'est sans doute pendant la deuxième moitié de l'année 1635 que Corneille a fait jouer une comédie très différente de toutes ses autres œuvres, *l'Illusion comique*. L'origine immédiate en est la réorganisation, imposée par le roi, des deux principaux théâtres de Paris, celui du Marais, dirigé par Montdory et qui avait joué toutes les premières œuvres de Corneille, et celui, plus officiel, de l'Hôtel de Bourgogne. Le Marais avait dû céder à son rival plusieurs comédiens, ce qui l'avait mis momentanément dans l'embarras. Par contre, il s'était enrichi d'un acteur nouveau, Bellemore, spécialisé dans les rôles de capitans ridicules dont il portait habituellement le nom générique, Matamore. Pour aider Montdory, Corneille écrivit donc rapidement, en s'aidant peut-être d'esquisses pré-existantes, une comédie où un Capitan Matamore joue un rôle important.

Le talent de Bellemore ne suffit pas à expliquer la vogue de ce type. Elle est européenne, et s'explique par des raisons historiques et socio-logiques. Matamore, le tueur de Maures, est un des titres de saint

Jacques de Compostelle, patron de l'Espagne. Après la reconquête du territoire national sur les Musulmans, l'impérialisme espagnol se tourne vers l'Europe. Le poids de ses armes est particulièrement ressenti en France et en Italie. La liberté satirique qui s'exprime dans la *commedia dell'arte* devait donc aboutir normalement, dans ce théâtre populaire si goûté en France, à la création d'un type ridicule de soldat espagnol, revanche imaginaire d'une réalité oppressante. Dès la fin du XVIe siècle, dans de très nombreux exemples italiens et français, est attestée une thématique précise du capitan. Il pousse jusqu'à une absurdité cosmique les manifestations de son invincible pouvoir militaire et aussi de sa séduction amoureuse, mais ces manifestations, purement verbales, n'existent que dans son esprit : en réalité, il est un lâche et un grotesque. Quand Corneille écrit *l'Illusion comique*, la phase aiguë de la Guerre de Trente Ans, qui oppose la France à l'Espagne, donne à cette caricature son actualité pour les contemporains.

L'introduction du capitan dans une intrigue comique pose un problème dramaturgique inverse de celui de *Médée :* par sa magie, Médée possédait un pouvoir infini, et aucun obstacle ne pouvait tenir devant elle; le pouvoir de Matamore est nul, et il ne peut constituer pour personne un obstacle véritable. Il est donc nécessaire d'étoffer cette amusante mais frêle figure par une intrigue complexe. Autour de Matamore s'agitent d'assez nombreux personnages, dont le plus important est le jeune Clindor, joué sans doute par Montdory. Les aventures de Clindor, poussé par la nécessité à se mettre au service de Matamore, ne sont elles-mêmes qu'un des éléments d'une structure qui en comporte trois autres. D'abord Pridamant, père de Clindor, qui se repent d'avoir jadis par sa dureté causé le départ de son fils, vient demander au magicien Alcandre de le lui faire retrouver. Ce prologue, comme l'appelle Corneille, emplit le premier acte. Dans les trois suivants, en une sorte de représentation théâtrale magique, les aventures de Clindor sont montrées par Alcandre à Pridamant en même temps qu'au public. Le troisième élément de structure est constitué par un fragment de tragédie joué au début du cinquième acte par Clindor, qui dans l'intervalle, sans que son père ni le public en aient été informés, est devenu acteur. La tragédie terminée, *l'Illusion comique* ne l'est pas, et son dernier élément constitutif est sa dernière scène, où Alcandre, non seulement révèle que Clindor est un comédien, mais explique ce qu'est alors le théâtre. Ces quatre niveaux permettent à la fois l'emploi de tons extrêmement variés, un traitement original pour chacun d'eux en raison de la fantaisie et de la liberté du cadre général, et l'établissement entre eux de relations subtiles faisant allusion aux différentes profondeurs de ce qu'on appelle trop simplement la réalité.

Le magicien est un personnage presque obligatoire dans la tradition pastorale. Toutefois ici, sa magie ne se propose pas d'agir en quoi que ce soit; elle se borne à montrer; c'est en quoi elle est proprement théâtrale. Au reste, les premiers vers mentionnent discrètement des caractéristiques de la grotte d'Alcandre qui sont celles d'un théâtre : il y fait sombre, on n'a pas le droit d'y entrer, le spectacle, représenté par son ordonnateur, ou metteur en scène, Alcandre, y a lieu à heure fixe. Ce cadre permet de respecter les unités d'une façon formelle, lointaine et tout de même assez trompeuse. Le lieu de l'action n'est, en un sens, que cette grotte; le temps, celui de la représentation qu'Alcandre donne à Pridamant, ne dépasse pas deux ou trois heures; et pour le spectateur privilégié qu'est le père inquiet, il y a unité d'action, ou du moins d'intérêt, puisqu'il s'intéresse essentiellement au destin de son fils. Mais si, comme on le fait au théâtre, on oublie le cadre au profit du contenu, on s'aperçoit que celui-ci est d'une variété et d'une richesse plus baroques que classiques.

Les aventures de Clindor sont trop nombreuses pour être toutes montrées, et les actes centraux de la comédie n'en proposent qu'une portion. Avant sa mise en scène, le magicien croit nécessaire d'énumérer rapidement les nombreux métiers qu'a faits Clindor avant d'entrer au service de Matamore. On voit en général dans leur liste, comme d'ailleurs la fin du récit d'Alcandre y invite, un souvenir des activités multiformes et souvent d'une honnêteté douteuse qui étaient celles des personnages du roman picaresque espagnol. Il faut ajouter que ces activités sont aussi des formes élémentaires de la littérature. Sans argent, Clindor ne peut survivre que par l'habileté de sa parole. Tour à tour il vend des talismans contre la maladie, il dit la bonne aventure, il est écrivain public, clerc de notaire, auteur de couplets, de romans, de chansons ou de saynettes comiques, accompagnées ou non de vente de drogues, et enfin avocat. Le seul de ses dix travaux qui n'ait aucun rapport avec la littérature est, dans l'édition originale, le cinquième : Clindor y est joueur professionnel; en 1644, Corneille remplace cette activité par celle de montreur de singe, affabulation évidente d'une forme élémentaire du théâtre. Mais dans l'ensemble, les avatars de Clindor avant sa rencontre avec le capitan appartiennent à la littérature non dramatique, et tous sont des échecs. Au contraire, quand il fera du théâtre, Clindor trouvera la richesse, le bonheur et l'honorabilité qu'il avait en vain cherchés ailleurs. Ce contraste ne contribue pas seulement à la structure cumulative de l'Illusion comique, il établit aussi une échelle des valeurs qui est sans doute celle du Corneille de 1635 : jusqu'au Cid, il devait penser qu'au moins du point de vue financier il vaut mieux être acteur qu'auteur, même dramatique.

Après ces expériences parisiennes, Clindor se rend à Bordeaux pour y rencontrer un Matamore dont l'origine espagnole ou gasconne est suggérée par cette localisation. Les aventures bordelaises présentées et commentées par Alcandre peuvent être tenues pour réelles. Elles subissent toutefois un certain coefficient d'irréalisation du fait même qu'elles sont montrées sur un théâtre, et aussi parce que l'un des personnages qui sont supposés s'affronter, Matamore, « n'a d'être que dans l'imagination », comme y insiste l'*Examen* de Corneille. Malgré ces éléments de suspicion, les actions des actes II, III et IV sont définies avec une précision vigoureuse qui exige une analyse dramaturgique. Le héros principal, le plus constamment présent et qui a la sympathie du public, est, non Matamore, mais Clindor. Clindor est en butte à de nombreux périls. Les premiers sont d'ordre bourgeois et conviennent à une comédie. Les derniers sont tragiques et préparent ainsi au passage dissimulé et trompeur qui conduit à la véritable tragédie du cinquième acte. Clindor risque constamment, soit de rester dans la dépendance humiliante de Matamore, qui le maintient dans la condition de valet, soit de perdre son emploi et de retomber ainsi dans les insolubles problèmes financiers. Se heurtant à Adraste, il risque fort de recevoir les coups de bâton que celui-ci lui promet à la fin du deuxième acte. Mais quand Adraste le voit embrasser Isabelle au troisième acte, il ne s'agit plus de bastonnade, mais de mort. Le gentilhomme furieux essaie de le tuer. C'est Clindor qui tue son adversaire. Pour ce meurtre, il est condamné à mort, et serait exécuté s'il ne s'évadait. On n'est donc pas étonné de le voir, dans la tragédie finale, bel et bien tué sur l'ordre d'un jaloux.

Plus que ces dangers qui menacent mais dont aucun n'est réel, les obstacles sont, dans la partie centrale de *l'Illusion comique*, significatifs. Ils sont exceptionnellement nombreux. Sauf Isabelle qui l'aime, tous les personnages importants de la pièce sont, à un moment ou à un autre et souvent avec violence, opposés à Clindor. Géronte est un père d'une dureté unique dans la comédie cornélienne. Insensible à la douleur de sa fille, il veut lui imposer un mariage qui la désespère, et son obstination est telle que l'enlèvement apparaît comme la seule solution. Sa fille Isabelle n'est d'ailleurs pas tendre non plus. Elle refuse Adraste avec une impitoyable netteté, inhabituelle dans les usages, au moins littéraires, de l'époque. Adraste est pour Clindor un ennemi tellement intraitable qu'il faut finir par le tuer. Lise, irritée par le manège et par le cynisme de Clindor, se range, elle aussi, dans la troupe de ses ennemis. Elle veut le faire bâtonner. Pourtant, elle ne veut pas sa mort, et quand elle comprend qu'il risque sa vie, elle le sauve. Ce condamné à mort avait en effet un ennemi plus redoutable encore que les autres : la société.

Toutefois, l'obstacle le plus intéressant de tous ceux qui s'opposent à Clindor, par l'originalité de son traitement, est Matamore. Maître de Clindor et amoureux d'Isabelle, il est en position d'obstacle, mais ne disposant d'aucun pouvoir réel, il doit, comme les autres mais plus que les autres, compenser ses insuffisances par les prestiges du discours. Corneille a fait de lui le lieu et le point de départ d'une mythologie fondée sur la tradition du type, mais poussant l'outrance et la surprise beaucoup plus loin que cette tradition, souvent cantonnée dans le verbal, n'avait jamais fait.

Matamore établit constamment des liens entre les éléments de surréalité et les éléments de réalisme qui constituent la pièce. D'une part ses incroyables vantardises auraient été difficilement acceptables si l'on ne voyait pas en lui la création d'un magicien. Mais d'autre part Matamore est un bourgeois de Bordeaux, il paie un domestique, il envisage de se marier, il vit dans un monde où les jeunes gens font la cour aux jeunes filles, se battent en duel, vont éventuellement en prison et fréquenteront un jour le théâtre. Entre ces deux univers, Matamore a choisi le premier, celui des valeurs irréelles. Il ne fait qu'inventer. Il est à la fois acteur et auteur, dans ce théâtre qu'est, ainsi présentée, toute réalité. Sa dialectique du mensonge, qui est infaillible au niveau des mots, annihile sans cesse l'action au profit du discours. C'est pourquoi il est condamné à échouer sans cesse. Dans sa double nature, la vraie lâcheté l'emporte nécessairement sur le faux courage, et sa faillite amoureuse n'est que l'écho de sa faillite militaire. Après deux actes où se sont déployés comiquement ses vains prestiges, le quatrième voit son déclin ; il n'y occupe qu'une scène, où il se borne à expliquer piteusement sa disparition.

En outre, son usage du double registre entraîne toute réalité dans l'ère du soupçon. Par lui, tout est mensonge. Dès lors, la révélation d'un mensonge ne peut constituer une vraie réalité : celle-ci est elle-même mensonge par rapport à un niveau plus fondamental, et ainsi de suite, théoriquement jusqu'à l'infini. La réalité est à plusieurs profondeurs, dont aucune n'est vraie. De cette échelle métaphysique, la comédie offre quelques exemples. Dès la première scène où il paraît, Matamore explique ses pouvoirs par une série de propositions dont chacune restreint la précédente : il est l'homme le plus terrible du monde ; mais il est aussi le plus amoureux et le plus aimé, ce qui l'adoucit ; mais pour éviter cet inconvénient, il n'est beau que quand il veut ; mais pour éviter les conflits réels, il invente enfin que beauté et courage ne sauraient coexister.

Cette dialectique de la réduction comique se communique aux autres personnages. A moins de se limiter à un monologue perpétuel, Matamore doit obtenir d'autrui les seules formes d'expression qu'il accepte : les siennes. De fait, Clindor et à sa suite Isabelle, quand ils ont besoin de le ménager, entrent dans son jeu. Matamore est contagieux.

Son valet entretient ses chimères et il suffit à Géronte de refuser de parler son langage pour qu'il soit contraint à la fuite. La rupture même ne peut s'exprimer que dans le cadre qu'il impose : Clindor gagne sa considération en lui disant qu'il a déjà massacré dix hommes cette nuit; si le matamore était une langue, le valet montrerait ici qu'il a appris à la parler.

La caricature est très forte, et elle aussi est contagieuse. L'outrance est partout dans *l'Illusion comique*. L'existence même de Matamore est outrance. Mais les autres aussi sont étrangement durcis. Géronte est plus dur, Isabelle plus obstinée, Clindor plus cynique qu'il n'est habituel dans une comédie. Adraste va plus loin encore, en acceptant de mourir pour de bon, alors qu'il aurait pu se contenter d'être blessé ou trompé et que le départ de Clindor aurait pu s'expliquer par bien d'autres circonstances. Tous les personnages vont jusqu'au bout de leur être, préparant par là le paroxysme qui s'exprimera dans la tragédie du cinquième acte.

Trop rapidement entraînée par cet élan, l'action s'épuiserait vite si elle ne basculait à plusieurs reprises, mue par les ressorts de la surprise. Puisqu'elle confronte sans cesse illusion et réalité, il est normal que la comédie utilise ces ressorts. Mais elle les utilise plus qu'il n'est nécessaire et ajoute aux péripéties les plaisanteries et les quiproquos. En raison de l'atmosphère matamorienne, les conflits sont assez feutrés au début, mais dans la deuxième partie de la comédie la surprise est distribuée avec générosité, et parfois gratuitement. Au quatrième acte, devant Isabelle désespérée, Lise badine, en proposant pour Clindor un remplaçant, qui se révèle n'être autre que Clindor sauvé. Le geôlier joue le même jeu avec son prisonnier : en feignant de le préparer à la mort, il le prépare au bonheur et à la fuite. Les mêmes procédés reparaissent au cinquième acte, deux fois dans la tragédie, pour annoncer le danger ou la mort, et une dernière fois quand Alcandre fait croire Pridamant à la mort de Clindor. Ce magicien est un pince-sans-rire, sans autre raison que de continuer un mouvement dramaturgique.

L'ensemble constitué par les actes II à IV n'utilise les traditions théâtrales contemporaines qu'en les dénaturant et en les combinant de façon à obtenir un résultat radicalement nouveau. Corneille dit dans son *Examen* qu'il ne sait comment appeler cet ensemble, dont la fin est tragique mais dont le style et les personnages sont comiques. La structure en est donc l'inverse de celle d'une tragi-comédie. Le rythme en est aussi beaucoup plus rapide. De même que le cinquième acte ne présentera que la fin d'une tragédie, laissant de côté les ennuyeuses et inutiles expositions, de même la portion centrale n'est que la fin d'une comédie. On n'en est plus aux préliminaires, aux hésitations ou aux erreurs. La situation est déjà assez tendue pour exiger, comme dans la tragédie, une solution rapide. On dit en propres termes « Je vous aime » et on passe aux actions. Il n'est pas étonnant que cette comédie exceptionnelle introduise à la tragédie.

Des liaisons sont ménagées entre les différents niveaux de structure. Clindor fait parfois allusion à son père, qui assiste, caché, à la reproduction de ses aventures. Il a déjà, dans la comédie, des sentiments ou des idées qui sont ceux du personnage qu'il incarnera dans la tragédie, de sorte que celle-ci peut sembler la suite réelle de ses aventures antérieures : au quatrième acte comme au cinquième, il est en proie à l'inquiétude, alors qu'Isabelle n'est que dévouement; dès le troisième, il envisageait l'adultère après le mariage, ce qu'il tentera de réaliser au cinquième.

En elle-même, cette tragédie est d'une hardiesse extraordinaire pour son temps, non point par ce qui s'y passe, car l'adultère n'y existe qu'en intention, mais par les idées et les principes qui y sont affirmés. Il y est dit, prouvé et accepté qu'avec le temps la fidélité conjugale devient impossible, et l'adultère inévitable. C'était déjà, mais avec la légende pour garant, la leçon de *Médée*. Clindor parvient à la faire approuver par sa femme; leur amour réciproque, réaffirmé, semble au-dessus des égarements passagers. Mais des péripéties dramatiques vont, en élevant les personnages au-dessus d'eux-mêmes, comme dans une vraie tragédie, mettre à l'épreuve cette situation paradoxale. Clindor est en danger; comme il n'accepte pas de renoncer à l'aventure, Isabelle veut se tuer; cette générosité entraîne le renoncement de Clindor; il repousse la princesse Rosine qui s'offre à lui; néanmoins, les gens du prince offensé les tuent l'un et l'autre. Jalousie ? Pas seulement. Le prince convoitait Isabelle et va, si elle ne se tue pas, faire d'elle sa maîtresse. Tel est l'immoral dénouement d'une tragédie machiavélique.

La révélation de l'illusion théâtrale après ce moment d'émotion est faite par les moyens de la mise en scène. Le rideau se relève et Pridamant comprend enfin la structure de la pièce où il figure en voyant les comédiens se partager l'argent de la recette. Alcandre donne à *l'Illusion comique* la seule culmination qu'elle pouvait admettre en prononçant un vibrant éloge du théâtre. Il a l'habileté de ne pas poser le problème, toujours discuté, de la valeur morale du théâtre, mais souligne que l'art théâtral a conquis une considération sociale, sanctionnée par le succès financier, et qu'il plaît à tous, même à Richelieu, même au roi. La pièce est, dans l'ensemble, une étude de tons extrêmement variés, et, comme telle, elle n'est possible que par une mise en évidence de la fiction en tant que fiction; il est donc quasi inévitable que le véritable sujet en soit le théâtre.

L'étiquette de baroque ne peut guère être refusée à une œuvre si riche. Corneille a visiblement cherché la plus grande variété possible du matériel théâtral. Il l'a cherchée dans de nombreuses sources, qu'il emprunte à la tradition pastorale, à la comédie réaliste, aux pièces qui évoquaient avant lui la comédie des comédiens. Il l'a cherchée dans le balancement constant qui, au sein de chacun des actes centraux, fait alterner scènes comiques et scènes pathétiques. Il l'a cherchée dans le rapide changement des points de vue, qui concentre à chaque acte la lumière sur un personnage différent : c'est le magicien, puis Matamore, puis Clindor, puis Lise, jusqu'à ce qu'à la fin une nouvelle disposition fasse scintiller autrement les mêmes foyers. Au reste un théâtre qui se vante, comme l'avoue le dernier acte, d'assembler les vivants et les morts ne peut être que baroque.

L'irrégularité de la pièce est évidente, si l'on fait abstraction du cadre magique. Clindor a quitté la maison paternelle à Rennes depuis dix ans lorsque son père arrive en Touraine devant la grotte du magicien. Après ses aventures de Bordeaux, il faut compter encore deux ans pour qu'on le retrouve comédien à Paris. Cette générosité des temps, des lieux et des actions n'a nullement choqué le public à la veille du *Cid*. En pleine période classique, le succès s'est maintenu, puisque Corneille constate qu'on n'a pas cessé de jouer *l'Illusion comique* pendant toute sa carrière.

Le Cid a été créé au Théâtre du Marais, non point, comme le veut une tradition erronée, en 1636, mais dans les premiers jours de 1637. Son succès fut prodigieux, et semble avoir surpris Corneille lui-même. L'affluence fut telle que des spectateurs durent s'installer sur la scène; cet usage, qui n'est point attesté auparavant, devait durer plus d'un siècle. Au succès de théâtre Corneille voulut ajouter un succès de librairie et publia sa pièce avec une rapidité exceptionnelle. L'impression fut achevée dès le 23 mars 1637; la pièce était désignée comme tragi-comédie; elle ne devait revendiquer le titre de tragédie qu'à partir de 1648. Sa publication permit à l'Hôtel de Bourgogne de la jouer également. Elle fut présentée à Londres avant la fin de 1637 et traduite en de nombreuses langues. Le pouvoir, alors soucieux d'encourager le théâtre, considéra sans doute que le retentissement du *Cid* était un événement, non seulement littéraire, mais social, et le récompensa par un anoblissement; la noblesse étant appréciée en fonction de son ancienneté, on gagna, par une faveur supplémentaire, une génération en anoblissant, non Corneille lui-même, mais son père.

Le Cid est tiré d'une obscure pièce de Guillen de Castro, *les*

Enfances du Cid, jouée en 1621 et qui repose elle-même sur un matériel traditionnel fourni par des chansons populaires espagnoles, les *romances.* Ces chansons, composées sous l'impression plus ou moins directe des événements eux-mêmes, remontent au Haut Moyen Age. Elles connaissent déjà l'essentiel des faits que Corneille adaptera à son siècle. Le Rodrigue de l'histoire, né vers 1025 et qui épousera Chimène vers 1050, était un des plus puissants barons de Ferdinand Ier, roi de Léon et de Castille, qui régnait, non à Séville, mais à Burgos. La dispute entre Don Diègue et l'orgueilleux Comte de Gormas semble avoir eu pour origine une contestation sur des troupeaux, que le Comte aurait volés, en battant leurs bergers. Don Diègue, trop vieux, confia sa vengeance à Rodrigue; celui-ci tua le Comte en duel et lui coupa la tête, qu'il apporta à son père en signe d'obéissance. Selon certaines romances, Chimène n'était encore qu'une enfant. Elle demanda justice au roi, à plusieurs reprises, mais en vain. Rodrigue eut le temps de guerroyer contre les envahisseurs musulmans et triompha de cinq rois mores; ce nombre sera réduit à quatre par Guillen et à deux par Corneille. Lorsqu'il fallut enfin régler le problème de Chimène, une suggestion, qui émane de la jeune fille elle-même selon certaines romances et du roi selon d'autres, fut présentée et acceptée par tous. Puisque Rodrigue avait privé la famille de son chef, il devait le remplacer en épousant Chimène. Un homme en vaut un autre, dès lors qu'ils appartiennent à la même classe sociale. Le jour du mariage, Rodrigue dit à Chimène, dans une des romances que cite Corneille dans son édition de 1648 : « J'ai tué un homme et je te donne un homme;... en place d'un père mort, tu as acquis un époux honoré. » Et, ajoute la romance, « cela parut bien à tous ». La perspective du XIe siècle est ici inverse de celle du XVIIe. Rodrigue épouse Chimène, non pas bien qu'il ait tué son père, mais parce qu'il a tué son père. Le problème moral, qui fait la beauté du *Cid* et sa hardiesse, ne pesait pas lourd à cette rude époque.

Guillen de Castro a réalisé sur ce matériel légendaire un travail considérable, que Corneille lui empruntera en partie. Il a fait de Chimène une adulte. Il a placé à côté d'elle Doña Urraque, fille du roi, qui joue dans d'autres aspects de la geste du Cid un rôle important. Les deux jeunes filles éprouvent toutes deux pour Rodrigue, avant la mort du Comte, un tendre sentiment, qu'elles n'expriment malheureusement que par de brefs apartés. La cause de la dispute entre les deux pères devient plus noble : elle est, comme chez Corneille, la nomination de Don Diègue comme gouverneur du prince. Guillen de Castro a enfin inventé de nombreuses scènes développant le problème du rapport entre Rodrigue et Chimène, que les romances noyaient dans un contexte épique beaucoup plus touffu.

Corneille a réutilisé une bonne douzaine de ces scènes, en leur apportant de nombreux aménagements. Plus que dans *Médée*, il a suivi un modèle, non parce qu'il l'admirait, mais parce qu'il a reconnu en lui cette valeur si rare au théâtre : un beau sujet déjà tout donné, à condition qu'on sache le présenter comme il convient. Il y a peu de beaux sujets. Corneille, qui traitera plus tard celui d'Œdipe, a compris qu'il y en avait un dans le conflit amoureux de Rodrigue et de Chimène. À la première ligne de son *Examen* de 1660, c'est le « sujet » de son *Cid* qu'il proclame comme en étant la première valeur. Il l'a abordé avec précaution, en évitant de le gâcher, mais sans respect. Pour lui comme pour ses contemporains, tout ce qui est espagnol est ambivalent. L'Espagne est à la mode, elle recèle des trésors, dans la confusion d'ailleurs, mais elle est ennemie à la fois de la France et de la raison, sur laquelle tente de se fonder une littérature nouvelle. Corneille aurait pu dire, comme un autre écrivain qui ne craignait pas les sources, qu'il avait trouvé des perles dans du fumier. Il a su choisir et transformer, dans les grandes lignes comme dans les nuances de l'expression, par une alchimie semblable à celle que Brecht emploiera plus tard, dont le résultat est que la source et l'œuvre achevée n'ont en commun que ce qui n'est pas signifiant. Il a su faire plus espagnol que l'Espagne. Tout en gardant les principaux faits de la pièce de Castro, il a supprimé ce qui était oiseux, par exemple les problèmes de Don Sancho, fils du roi, ou la rencontre de Rodrigue et d'un lépreux, et surtout il a forcé l'abondance de l'imagination, sans la réprimer, à faire resplendir le centre rayonnant de l'histoire du Cid, cette insoluble et déchirante relation d'amour et de gloire, que les romances n'avaient pas soupçonnée et que Castro, qui ne l'avait peut-être pas vue, n'avait traitée qu'avec froideur.

Après le sujet, le principal mérite du *Cid* selon son *Examen* consiste dans les « pensées brillantes dont il est semé ». De fait, les personnages, souvent jeunes, mais toujours ardents et ingénieux, ont un langage à la fois direct et original. Rodrigue détaille son combat contre les Mores en un récit plus développé que ne l'exigeait la nécessité dramaturgique et qui est un morceau de bravoure. Des maximes, vite célèbres, fusent de la bouche de tous les personnages. Les valeurs de la mélancolie, de l'irritation, de l'indignation, du sourire même, colorent un paysage sentimental qui varie sans cesse. Selon une tradition théâtrale qui remonte au moins à Théophile et que Racine poursuivra, *le Cid* est œuvre de poésie.

Mais il ne serait pas une date essentielle de l'histoire du théâtre si à sa valeur littéraire ne s'ajoutaient pas des innovations proprement dramatiques. Celles-ci résultent de l'originalité du problème idéologique, et aussi de la manière approfondie dont sont traitées les composantes de l'intrigue : l'action, le temps et le lieu ne sont pas seulement pesés pour obéir ou pour désobéir aux unités dont discutait l'actualité, ils sont envisagés dans leur essence et pour rendre plus implacables les questions posées aux héros.

L'action du *Cid* est abondante, variée, rapide. Les situations s'y engendrent et s'y modifient comme dans la vie, comme dans le théâtre espagnol et comme dans celui de Shakespeare, sans rien du souci de concentration et de simplicité qui sera celui du classicisme français. Chacun des épisodes s'épanouit autant qu'il le peut. Ainsi le duel de Rodrigue et du Comte pourrait être, dans une forme classique, simple élément de l'exposition : il définit la situation nouvelle, succédant à la banalité du bonheur antérieur et qui sera celle du drame. Mais il est traité avec une telle ampleur, puisqu'il emplit presque les deux premiers actes, qu'on doit le considérer comme une petite action complète en elle-même : le spectateur assiste à la dispute avec Don Diègue qui est son origine, aux efforts qu'on fait pour l'éviter, car il est évitable, au défi, à la divulgation du duel et à ses premières conséquences, qui à vrai dire emplissent la pièce entière. Le thème est développé pour sa valeur dramatique et aussi à cause de l'intérêt évident qu'il présente pour les contemporains. Dans ce duel, on parle bas, comme au temps de Richelieu, par une discrétion bien inutile au XIe siècle.

Comme le remarque Corneille, l'arrivée des Mores, qui n'est pressentie qu'à la fin du deuxième acte, rompt l'unité d'action. Leur irruption est uniquement contingente et aucun des personnages de la pièce n'en est responsable. Mais elle apporte à Rodrigue un moyen nouveau de prouver sa valeur, en sauvant sa patrie plutôt qu'en la privant d'un guerrier par un duel, et elle lui apporte aussi la dimension historique qui le constitue en personnage de tragédie, ce qu'amours et duels ne pouvaient suffire à faire. Toutefois, cette élévation au niveau de l'État ne pose pas au héros de nouveaux problèmes. Au contraire, elle rend plus facile sa situation individuelle : devenu soutien de l'État, Rodrigue ne pourra plus, aux yeux du roi, être condamné pour le meurtre du Comte.

Le rôle de l'Infante viole également l'unité d'action, et **plus** gravement encore, puisqu'il occupe le quart des scènes de la pièce. Personnage purement passif, l'Infante n'a aucune action sur l'intrigue principale; c'est au contraire son sort qui dépend exclusivement de celui de Rodrigue et de Chimène. Ce type de subordination, couramment accepté à l'époque pré-classique, commence à être contesté, précisément en raison du retentissement du *Cid*. On s'aperçoit que l'Infante ne sert à rien, et donc que son rôle peut être supprimé. Pourquoi alors Corneille l'a-t-il tant développé? Les contemporains répondent, sans être démentis, que c'est pour faire une place dans l'interprétation à une nouvelle comédienne, Mademoiselle Beauchâteau. Mais on peut alléguer aussi des raisons d'ordre esthétique. L'Infante soupire douloureusement, noblement, sans vouloir de mal à personne, sans oser intervenir dans une situation suffisamment explosive; elle voit les mêmes événements autrement que les autres personnages; elle apporte, en même temps que des répits dans une action trépidante, des valeurs poétiques que les autres ne peuvent pas fournir.

A y regarder de plus près, on peut même ajouter que Corneille a vu en l'Infante des possibilités d'action qu'il a indiquées sans les développer. Au lieu d'être passive, l'Infante pourrait jouer un rôle dans l'action principale par deux moyens, qu'elle suggère elle-même au deuxième acte. Elle envisage d'abord de faire de Rodrigue son « prisonnier » jusqu'à ce qu'intervienne un « accommodement » avec le Comte. Conforme aux usages, cette façon d'agir pourrait avoir des conséquences : Rodrigue, peu à peu, deviendrait sensible pour cette femme qui l'aurait gardé et sauvé... On a vu, dans des comédies ou des romans, des évolutions semblables. Deuxième possibilité : si Rodrigue triomphe du Comte, il devient, de simple gentilhomme, une sorte de héros national, à qui toutes les conquêtes, militaires puis amoureuses, sont permises; dès lors, une princesse pourra envisager de l'épouser. Ces perspectives, qui appartiennent à la thématique de la tragi-comédie, sont pourtant repoussées : l'Infante s'en tient jusqu'à la fin à ses exigences royales et persiste à « donner » Rodrigue à Chimène. Ces deux directions étaient exploitables. Si Corneille les avait exploitées, il aurait écrit un autre *Cid*. Pourquoi ne l'a-t-il pas fait?

Sans doute parce qu'il s'est aperçu que les deux intrigues bien liées, Rodrigue et Chimène d'une part, Rodrigue et l'Infante de l'autre, formaient un triangle satisfaisant pour l'esprit, où le point d'honneur regagnait, dans la seconde direction, ce qu'il perdait dans la première, mais qu'à l'expérience de la rédaction, c'était la première direction, et non la seconde, qui se révélait féconde et tragique. C'était dans le conflit de Rodrigue et de Chimène que se trouvaient les situations originales et pathétiques, les possibilités d'écrire de belles scènes, qu'il écrivait sans doute dans le feu de l'inspiration et qui entraîneraient le succès. Corneille a donc dû négliger de développer les possibilités d'action que le rôle de l'Infante comportait. Mais il s'est sans doute aperçu que le drame de Rodrigue et de Chimène, pour intense qu'il fût, n'était pas susceptible d'une solution rapide, parce que son public ne pouvait pas accepter le mariage immédiat. De fait, un certain essoufflement est perceptible dans la fin du *Cid* : Rodrigue propose plusieurs fois de se laisser tuer, Chimène l'accuse deux fois, assez inutilement, auprès du roi, comme Corneille le remarque dans l'*Examen*, le roi épuise des trésors de douceur pour ne faire que temporiser. D'autre part, la matière que fournit le conflit entre Chimène et Rodrigue est, quoique éblouissante, un peu courte pour une pièce en cinq actes. Il fallait donc à la fois garder l'Infante et la confiner dans le rôle poétique qui est le sien.

Don Sanche est, certes, lié à l'action de la façon la plus consciencieuse. Mentionné dès le troisième vers, membre du conseil du roi, amoureux de Chimène et chargé de la représenter dans un duel judiciaire, il a toutes les caractéristiques techniques d'un personnage actif. Pourtant, il ne fait pas le poids sur le plan sentimental. L'aversion qu'il inspire à Chimène lui interdit de devenir une solution acceptable et il n'est finalement qu'un obstacle.

Rodrigue reste donc le héros véritable, et c'est autour de lui que s'ordonnent les principaux instruments de l'action. Il court successivement quatre dangers : il peut être tué par le Comte, être condamné à mort sur la plainte de Chimène, être tué par les Mores, et être tué par Don Sanche. Risquer quatre fois la mort en vingt-quatre heures, pour des raisons différentes, c'est vraiment tout ce qu'on peut demander à un héros, même tragique. La liste des péripéties ne recouvre qu'en partie celle des périls. La première est constituée par le soufflet du Comte à Don Diègue, qui introduit au drame. Les trois autres sont les victoires successives de Rodrigue, qui triomphe du Comte, des Mores, et enfin de Don Sanche. Le péril proprement judiciaire est esquivé, puisqu'il n'y a pas de véritable procès de Rodrigue comme il y aura un procès d'Horace.

Mais en réalité, périls et péripéties ne sont que matériels. Ces grands coups d'épée laissent en dehors d'eux les problèmes psychologiques. La puissance physique de Rodrigue pose ces problèmes, mais ne peut les résoudre. Pour intéresser, Corneille devra trouver des retournements plus intérieurs. Il pense d'abord aux quiproquos, dont il avait fait un si grand emploi dans *l'Illusion comique*. Le roi au quatrième acte et Don Sanche au cinquième donnent à croire à Chimène que Rodrigue est mort. Elle est ainsi amenée à manifester publiquement, par sa douleur, son amour. Le quiproquo remplit sa fonction habituelle de révélateur de sentiments, mais il ne peut le faire, au point où on en est, que pour préparer et rendre acceptable le dénouement. Il conclut, sans créer. Pour créer, pour mettre en branle et faire fonctionner la machine infernale sur le plan psychologique, un instrument plus exceptionnel est nécessaire.

Je l'appellerai le squeeze. On sait qu'au jeu de bridge on désigne par ce mot la situation créée par l'un des joueurs pour les deux derniers coups d'une partie et où son adversaire, quelle que soit celle des deux cartes restantes qu'il joue en premier, perdra nécessairement son contrat. En termes dramaturgiques, le squeeze est un dilemme provoqué. La situation du *Cid* est telle que tous les personnages importants sont « squeezés » à un moment ou à un autre. Pour le poste de gouverneur, le roi aurait pu choisir le Comte; mais s'il choisit Don Diègue et que celui-ci est déshonoré par le Comte, le résultat est le même : Don Diègue ne peut pas non plus être gouverneur. Le duel avec Don Sanche ne permet pas davantage à l'Infante de choix véritable : que Rodrigue soit tué ou qu'il épouse Chimène, elle sera malheureuse. La nécessité d'affronter le Comte pose à Rodrigue un problème du même ordre : s'il tue le Comte, il ne pourra plus, pense-t-il, épouser Chimène; mais s'il refuse le combat, il sera déshonoré et ne pourra donc pas l'épouser non plus. La liberté de Chimène est, s'il se peut, plus réduite encore. Veut-elle ordonner à Rodrigue de ne pas défier son père? Qu'il obéisse ou qu'il désobéisse sont pour elle des attitudes également inacceptables. Veut-elle exprimer un espoir au sujet du duel de Rodrigue avec Don Sanche? Elle ne le peut, car, quoi qu'il arrive, ou Rodrigue mourra ou son père restera sans vengeance. Il est vrai qu'Elvire lui fait remarquer que l'interprétation inverse est possible : à l'issue de ce combat, ou son père sera vengé ou elle épousera Rodrigue. L'inversion du squeeze manifeste ici qu'on est sorti de l'empire de la nécessité tragique : à force de fidélité à l'honneur, on a fini par échapper à l'influence « squeezante » de la crainte du déshonneur, qui était à la racine de presque toutes les situations inextricables de la pièce.

Dans le domaine temporel, la perspective est moins celle d'une inversion que d'une véritable conversion. Le temps est hostile au début de la pièce : il change le bonheur en malheur, il accable Don Diègue sous le poids de la « vieillesse ennemie ». A la fin au contraire, en une lente et grandiose échappée, il permet la solution progressive des problèmes que la tension dans l'instantané n'avait pu résoudre. Le dénouement du *Cid* est rachat par le temps. L'optimisme de Corneille à cette époque est tel qu'il se risque à observer la jeune et dangereuse règle de l'unité de temps. Il n'est pas sûr qu'à s'enfermer en vingt-quatre heures les nombreux événements du *Cid* aient plus gagné que perdu. L'invraisemblance de leur accumulation est évidente, et Corneille regrette en particulier de n'avoir donné à Rodrigue que deux heures de repos entre son combat contre les Mores et son duel avec Don Sanche. Scudéry, dans ses *Observations sur le Cid* a beau jeu, après avoir rappelé tout ce qui se passe dans la pièce, à conclure sarcastiquement : « Je vous laisse à juger si ne voilà pas un jour bien employé, et si l'on n'aurait pas grand tort d'accuser tous ces personnages de paresse ». Pourtant, compte tenu de la tolérance des contemporains en matière de régularité, cette agitation même contribue à donner à la pièce le rythme allègre qui est une de ses vertus.

Pour la représentation des lieux, Corneille se sert également des facilités qu'admettait son époque. La scène est à Séville, mais à l'intérieur de ce lieu général unique, il est nécessaire de distinguer plusieurs lieux particuliers. Selon les besoins de l'action, la scène se passera dans la maison de Chimène, dans l'appartement de l'Infante, au palais du roi, ou dans la rue. Naturellement, chaque changement de lieu entraînera une rupture de la liaison des scènes. Parfois aussi, comme à la fin du premier acte, des personnages glisseront, en une sorte de travelling, d'un lieu à un autre. Plus hardie est la localisation de cet ensemble à Séville, alors que c'est autour de Burgos qu'évoluaient les modèles historiques. Cette immense poussée vers le Sud, qui fait traverser à la légende presque toute l'Espagne, serait justifiable, selon Corneille, par la volonté du roi de se rapprocher de ses ennemis pour mieux les surveiller. Mais une position si avancée, qui d'ailleurs, comme Matamore, n'a jamais eu d'être que dans l'imagination, aurait été militairement indéfendable. Elle ne témoigne guère que de la hardiesse conquérante du récit; la localisation à Séville est aussi paradoxale que l'histoire même de Rodrigue.

Cette histoire est exemplaire parce qu'elle illustre une dialectique de l'amour et de l'honneur intuitivement perçue dans la chaleur d'une représentation théâtrale, mais fort épineuse à analyser, bien que des générations de critiques s'y soient employées; c'est pourquoi *le Cid*, en dépit de sa célébrité, demeure une pièce énigmatique. Pour le comprendre mieux, il importe de définir les idées et les actions qu'implique le thème du sang, qui en est l'élément idéologique essentiel. Assez profondément enraciné pour rester vivant dans des conceptions du monde aussi éloignées que celle du XIe siècle et celle du XVIIe, ce thème postule à la fois la transmission héréditaire des vertus dans la classe dirigeante et la nécessité de prouver ces vertus, surtout lorsqu'elles sont contestées, par le sacrifice de la vie. Le sang qu'un noble a reçu de ses ancêtres, il est prêt à le verser pour toute bonne cause. L'amour, qui est attachement d'un individu à un individu et qui suppose la continuation de la vie, est donc doublement opposé au thème du sang. L'histoire de Rodrigue et de Chimène semble inventée pour proposer le conflit le plus radical entre l'amour et le « devoir » qui consiste à respecter le thème du sang. Si grave est ce conflit qu'on ne peut le faire évoluer qu'en rusant avec lui.

Rodrigue et Chimène ne renoncent ni ne peuvent renoncer ni à leur devoir ni à leur amour. Leur amour vit de leur devoir, alors qu'il en mourrait chez des médiocres. Leurs contradictions les exaltent au sommet de l'honneur, qui est amour. Toutefois, ils ne lâchent pas tout d'un coup, ce qui ferait d'eux des saints et non des personnages de théâtre. Ils remplissent d'abord leurs devoirs envers leurs parents, c'est-à-dire envers leur sang, puis s'aperçoivent ensuite qu'il leur reste du temps pour leur amour et pour eux-mêmes. Dans ce difficile progrès, ils s'observent sans cesse, et l'un n'a pas une démarche morale que l'autre ne veuille imiter, dans un strict parallélisme. La volonté d'agir selon les mêmes principes coexiste pour chacun avec la volonté d'imposer à l'autre la primauté de sa propre salvation. Leur opposition sur ce point, malgré la sensibilité toujours présente qui les unit, est si tendue qu'elle les contraint sans cesse aux attitudes les plus extrémistes. La mort ou le mariage semblent seuls possibles. On est dans un monde tragique du tout ou rien. L'Infante suggère timidement que, Rodrigue une fois acquitté, Chimène et lui pourraient vivre dans la même ville sans se marier ni s'entretuer. Tout aussi vainement, Bérénice demandera à Titus : « Pourquoi m'enviez-vous l'air que vous respirez ? » Chimène se retranche derrière sa « générosité », qui est en effet l'explication constante de ses actions.

De ces principes découle la quête du sang que raconte la pièce. Rodrigue, substitué à son père, doit tuer le Comte offenseur. Après ce crime contre son amour, il doit proposer à Chimène de le tuer. Il le fait avec une fréquence qui lassait déjà le Corneille de 1660, mais dont la sincérité ne peut être mise en doute. Un autre Rodrigue saura renoncer à sa Prouhèze et se séparer d'elle par des océans. L'unité de lieu est plus clémente et contraint Corneille à rechercher, ici et maintenant, une solution qui ne peut être que la menace de la mort. Mais la gloire de Chimène doit refuser la gloire de Rodrigue, et par là substituer à la mort la vie, qui, après ce passage aux enfers, permettra l'épanouissement de l'amour. Il en est ainsi, non seulement dans la dialectique individuelle de Chimène et de Rodrigue, mais après la prise en charge de leur conflit par l'État, que représente le roi. En acceptant que Don Sanche devienne son champion, Chimène parvient à la socialisation de sa vengeance, mais risque plus que le squeeze, puisque, du même coup d'épée, Rodrigue peut mourir et elle se voir contrainte d'épouser Don Sanche. A cette perspective, elle s'effondre. Oubliant le thème du sang et parlant uniquement en femme, elle ordonne à Rodrigue de sortir vainqueur du combat dont elle est le prix. Elle est prête dès lors à accepter la solution que le roi lui proposera, avec tous les ménagements désirables.

Mais le public de 1637 est moins prêt que Chimène à accepter ce mariage. L'héroïne est admirée, mais elle choque certains. Elle fait son « devoir » en répétant sans cesse, comme un refrain, « Mon père est mort », et en poursuivant sa vengeance, mais elle ne renonce jamais à son amour pour Rodrigue et cette double persévérance n'a pas toujours été admise. Si tout Paris pour Chimène a les yeux de Rodrigue, les *Sentiments de l'Académie française sur le Cid* n'en écriront pas moins que

« ses mœurs sont du moins scandaleuses, si en effet elles ne sont dépravées ». La pièce heurte aussi d'autres bienséances et d'autres idées, si bien qu'elle va déclencher une importante querelle littéraire. Corneille avait pourtant mêlé fort habilement dans *le Cid* de quoi plaire d'un côté aux partisans du classicisme naissant, de l'autre aux admirateurs du pittoresque baroque. Les premiers pouvaient apprécier le respect — relatif — des règles, le fait que les événements étaient le plus souvent présentés par des récits et que le conflit était essentiellement moral. Mais pour les seconds étaient ménagés un élément spectaculaire abondant et varié, une primauté donnée à l'amour et à la guerre, des touches de comédie et un dénouement, malgré sa prudence, heureux. La balance penchait néanmoins du côté de la hardiesse. Avec *le Cid*, Corneille, pour la première fois, dépasse son public. Ce ne sera pas la dernière.

L'année 1637 est emplie pour Corneille par le triomphe et la Querelle du *Cid* mais aussi, en son début, par la continuation du travail des Cinq Auteurs. En janvier, ils font jouer une *Grande Pastorale* qui n'a pas dû avoir grand retentissement, car le texte, qui n'a jamais été publié, en est perdu. En février, les deux troupes de l'Hôtel de Bourgogne et du Marais réunies jouent devant le roi et toute la Cour une bizarre tragi-comédie, intitulée *l'Aveugle de Smyrne*, qui sera publiée l'année suivante. La part que Corneille a pu avoir à sa rédaction est plus incertaine encore que pour *la Comédie des Tuileries*. D'abord les Cinq Auteurs ne sont peut-être plus que quatre. La page de titre dit cinq, mais un avis *Au lecteur* distingue la « matière » de l'ouvrage de la « forme que lui ont donnée quatre célèbres esprits ». On a supposé qu'il y avait là une simple coquille, mais le fait que le mot « quatre » soit imprimé en lettres et non en chiffre dans l'édition originale rend cette hypothèse peu admissible. On a supposé que Corneille avait quitté le groupe des Cinq Auteurs. On a supposé, d'après les critères d'analyse interne employés pour *la Comédie des Tuileries*, qu'il avait écrit un acte de *l'Aveugle de Smyrne*, le premier. A toutes ces hypothèses, je puis en ajouter une autre : l'un des Cinq Auteurs aurait pu disposer la « matière », sur une idée fournie par Richelieu, et les quatre autres se partager la rédaction. Quoi qu'il en soit, la collaboration de Corneille, si elle a existé, ne peut être précisée, et je n'ai donc pas cru devoir tirer un fragment quelconque de *l'Aveugle de Smyrne* d'un oubli amplement mérité.

Ce qu'on appelle la Querelle du *Cid* est constitué pour nous par un ensemble de trente-six opuscules pour ou contre Corneille, tous publiés en 1637, sauf les deux derniers en 1638. L'ampleur de ce chiffre indique l'ardeur du combat. On y échangea des perfidies et des injures, mais aussi des idées esthétiques importantes. A l'occasion de cette première grande discussion littéraire du siècle, bien des principes dramaturgiques ou stylistiques furent utilement précisés. Ce qu'on reprochait surtout à Corneille, c'était l'imitation du modèle espagnol, l'invraisemblance et l'immoralité de Chimène, les unités mal respectées, et des incorrections de langue. Il céda sur ce dernier point, en corrigeant de nombreux passages; il ne céda pas sur Chimène. Il avait lui-même, par l'imprudence de son orgueil, déclenché la querelle. Il fut attaqué par des jaloux anonymes, mais aussi par Mairet, qui était avant *le Cid* le premier auteur dramatique français, et par Scudéry, qui lui consacra de très attentives *Observations sur le Cid.* Corneille ne voulut pas répondre. Ses ennemis en appelèrent à l'Académie française et à Richelieu. Le Cardinal ne fut dans cette affaire, contrairement à ce qu'on a dit et à ce que Corneille lui-même a pu croire, ni jaloux, ni inquiet, ni hostile. La dispute l'amusait, et il y vit l'occasion de mettre en vedette l'Académie récemment créée. Celle-ci mit fin à la Querelle par des *Sentiments* qui ne sont ni maladroits ni injustes. Elle n'a pas tort, après avoir repris plusieurs reproches exprimant l'opinion contemporaine, de conclure en soulignant dans *le Cid* « la naïveté et la véhémence de ses passions, la force et la délicatesse de plusieurs de ses pensées, et cet agrément inexplicable qui se mêle dans tous ses défauts »...

La tragédie d'*Horace* a été créée à la fin de février ou au début de mars 1640, donc plus de trois ans après *le Cid.* Qu'a fait Corneille pendant tout ce temps? La Querelle du *Cid* l'a certainement beaucoup occupé, à la fois par les attaques personnelles dirigées contre lui et auxquelles il a voulu répondre, et par les importants problèmes d'esthétique théâtrale qu'elle soulevait : l'ampleur de ses œuvres théoriques ultérieures permet de penser qu'il a dès lors consacré à ces problèmes une réflexion approfondie. En outre, Montdory, vedette du Théâtre du Marais, est frappé de paralysie en août 1637; sa carrière est brisée; il va être remplacé par Floridor, dont le poète sera l'ami fidèle. En février 1639, le père de Corneille meurt, laissant une succession considérable. En juillet de la même année, une révolte paysanne, dite des Nu-Pieds, éclate en Normandie. On conçoit que tous ces événements aient retardé la composition d'*Horace.*

Mairet et Scudéry, principaux adversaires de Corneille dans la Querelle, avaient triomphé peu auparavant par des tragédies à sujet romain. Il était donc de bonne guerre de les dépasser dans leur propre genre. En outre, derrière Rome, le public voyait constamment la France contemporaine. L'impérialisme culturel de la Rome antique, qui veut imposer ses valeurs à Albe, n'est que la projection dans le passé de la politique de Richelieu. C'est donc à bon droit qu'*Horace* est dédié au Cardinal. Corneille va jusqu'à suggérer dans sa dédicace que c'est aux lumières de son maître qu'est dû le succès du *Cid*. On ne saurait passer l'éponge avec plus de grâce, en public du moins, sur les incidents que *le Cid* avait provoqués. Au reste, il n'est pas exclu que la politique dure de Richelieu ait encouragé les écrivains à chercher une mise en œuvre dramatique des grandes idées politiques et morales. Et les allusions au monde contemporain ne sont pas difficiles à trouver : la relation, à la fois intime et hostile, entre Rome et Albe est celle qui unit, en les divisant, la France et l'Espagne; Horace est pour Tulle à la fois discutable et sauveur comme Richelieu pour Louis XIII.

Le sujet de la pièce est tiré du récit de l'historien latin Tite-Live; ce récit fournit tous les principaux événements, ainsi que le plaidoyer final du père d'Horace; Corneille a ajouté les rôles de Sabine et de Valère. Comme pour *le Cid*, il a choisi un sujet profondément émouvant, sans s'embarrasser des réserves qu'il pouvait susciter sur le plan des vraisemblances et de certaines bienséances. C'est aussi un sujet qui pose de difficiles problèmes moraux, au point que l'intégration du héros dans la cité ne pourra être prononcée, comme dans *le Cid*, que par un roi. Comme pour *le Cid* enfin, montrant que la fidélité de Corneille à lui-même dans l'ordre tragique est aussi grande qu'elle l'avait été dans l'ordre comique, le sujet d'*Horace* tire sa beauté et sa puissance du fait que, malgré la leçon d'actualité qu'il peut comporter, il fait le tableau d'une civilisation aussi éloignée que possible de celle que connaissaient les spectateurs du Théâtre du Marais.

Certes, la culture romaine a si profondément imprégné la nôtre, et cela dès le XVIIe siècle au moins, que notre faculté de nous étonner au sujet de certains comportements romains s'est émoussée. On ne peut pourtant juger autrement que fort étranges la guerre, le patriotisme et la légalité que propose *Horace*. La guerre entre Rome et Albe n'est expliquée, dans la pièce, par aucune cause définie. C'est par un pur projet de domination, vide de tout contenu, sinon d'orgueil, que chacune des deux villes veut s'imposer à l'autre; la « gloire » qu'elles invoquent est plus proche des jeux enfantins que d'une politique. Le dictateur albain, dans le discours qu'il prononce devant les deux armées et que rapporte Curiace à la fin du premier acte, définit d'abord fort raisonnablement la solution qu'il propose : c'est une union, ou une fusion, entre deux nations très proches l'une de l'autre, et non l'imposition par l'une d'un statut de sujétion à l'autre. Le problème pourrait donc être réglé par une négociation. Mais, comme le jeu de la guerre semble le seul pratiqué par les intéressés, on se borne à substituer au combat de masses un duel de représentants.

Il est d'usage de féliciter les Romains et les Albains de leur patriotisme. Le fait que ce sentiment est à peu près inexistant dans la France du XVIIᵉ siècle devrait pourtant rendre prudent. La Romaine Camille adore et admire l'Albain Curiace, entre autres raisons, parce qu'il a tué un nombre considérable de Romains... La fréquence des mariages mixtes, sur laquelle la pièce insiste à plusieurs reprises, opposerait à ce patriotisme, s'il avait un fondement politique, les affections les plus légitimes. Dans une telle imbrication des familles, l'idéologie patriotique devrait plutôt apparaître comme périmée, ou bien comme prématurée, en tout cas comme dangereuse. Au reste, si l'ardeur au combat est la même dans les deux camps, la satisfaction de soi ne l'est pas et le racisme culturel des Romains, puisque la scène est à Rome, est privilégié : vertu signifie patriotisme romain, et il n'y a pas de vertu albaine. L'exigence patriotique maintenue au sein d'un système de mariages mixtes qui devrait la détruire entraîne une invraisemblance évidente. Comment les responsables du choix des champions n'ont-ils pas pensé que les guerriers désignés avaient de fortes chances de réagir par l'horreur et peut-être par le refus ? Seul un interdit religieux ou racial aurait pu empêcher les unions mixtes si dommageables à la crédibilité de la pièce. Or Albe et Rome ont justement les mêmes dieux, que l'on consulte pour se tirer d'embarras.

Le droit de ces nations est également bien éloigné de celui des Français. Le Vieil Horace dispose du pouvoir légal de tuer son fils ; il le rappelle à sept reprises. C'est sans doute par rapport à la rudesse archaïque de ces familles tentaculaires qu'il faut apprécier le geste d'Horace tuant sa sœur. Pourtant, quelle étrange civilisation que celle où le meurtre d'un fils par un père est permis, mais où celui d'une sœur par un frère est un crime ! Au niveau de l'État, le droit criminel est aussi souple qu'à celui de la famille : en déclarant qu'un héros est au-dessus des lois, le roi Tulle proclame un principe qui, bien entendu, n'est pas démocratique, mais n'est pas non plus accepté par la monarchie française. Dans quelle planète vivent donc tous ces gens-là ?

Il faut répondre : dans l'ordre du tragique, et dans lui seul. Plus la distance est grande entre le monde barbare où vivent ces incroyables personnages et le monde policé des spectateurs, plus le conflit tragique apparaît comme d'une étrange nécessité. Pour être plus implacable, le cercle tragique va en se rétrécissant : il passe des nations aux familles, puis de celles-ci aux individus. Comme dans *le Cid*, il commence par se dissimuler : le début de la pièce est féminin, trompeusement heureux, parle de projets de mariage ; brusquement, le drame éclate, et l'on est presque aussitôt au paroxysme. Les personnages sont déchirés, mais n'hésitent pas. Ils luttent les uns contre les autres plutôt que contre eux-mêmes. Même la passive et douloureuse Sabine a le sentiment sartrien d'être de trop et demande à trois reprises qu'on la tue. Curiace, au deuxième acte, tente de rejeter sur les dieux la responsabilité du conflit dont il récuse la légitimité. Corneille, qui montrera dans *Œdipe* une révolte contre le ciel, n'introduit les dieux dans *Horace*, tardivement d'ailleurs, que pour leur faire endosser l'injuste décision que les hommes n'ont pas voulu prendre ; certes, ils ont bon dos, ces dieux païens.

Mais en réalité, les personnages d'*Horace* ne recherchent nulle transcendance dans la divinité. La valeur d'idéal, ils la possèdent, et même la secrètent. Leurs conduites sont animées par deux principes contradictoires, un principe d'héroïsme et un principe d'humanisme. Le plus exceptionnel est évidemment le premier, incarné surtout par Horace, qui pour cette raison est le protagoniste de la pièce, à laquelle il donne son titre. Horace n'a pas seulement le courage de faire son devoir sans hésiter ; ce devoir, il l'assume, il le revendique et, au besoin, il le crée. Sa tension est telle qu'elle obnubile, sans peut-être la faire disparaître tout à fait, sa sensibilité. Il est fort peu montré comme un époux ; la seule fois où on le voit avec sa femme, c'est dans une scène de reproche ; il n'y a jamais entre eux d'effusion sentimentale, ce que la situation pourtant aurait aisément permis, comme elle l'avait permis à Rodrigue et à Chimène, comme elle le permettra à Polyeucte et à Pauline. L'œil fixé sur son projet héroïque, Horace appelle implacablement les événements de la pièce : il a voulu le combat, il a voulu tuer Camille, qui de son côté a voulu mourir, il a voulu être jugé pour ce crime ; point de hasard, point d'imprévu : une logique surhumaine, qui ne craint pas de se présenter comme raison.

Appuyé sur cette valeur, que l'on peut certes contester mais dont l'énergie et la conviction sont évidentes, Horace est invincible. Après avoir tué les trois Curiaces, il entre, tout imprégné encore du goût du sang, en contact avec sa sœur. Il veut lui imposer une attitude dont il sait qu'elle la refuse de tout son être. Les paroles de conciliation n'ont donc pas de place dans cette scène terrible. Horace ne montre à Camille ni amour ni compréhension ; il ne consent pas, comme le lui suggérera plus tard Sabine, à laisser ses lauriers à la porte. Peu lui importe que *Romain* rime avec *inhumain*. Fût-il seul de son avis, et il l'est souvent, il va son chemin, et personne n'ose s'opposer à lui. Il faudra le procès du cinquième acte pour qu'on trouve quelque excès dans son attitude.

Sabine et le Vieil Horace partagent, quoique à un moindre degré, l'éthique d'Horace. Ils la professent plus aisément que lui parce qu'ils n'ont pas à la traduire en actes. Le Vieil Horace peut bien lancer son célèbre cri de « Qu'il mourût » quand il ignore la situation réelle, mais en fait il ne se sert pas, quand il la connaît, de son pouvoir de juge familial. Sabine, véritable métisse culturelle, a la position inconfortable, qui est précisément celle que Camille refuse, de ne pouvoir vivre que dans l'ambiguïté. C'est ce qui explique son étrange décision initiale d'être pour les vaincus; cette décision est d'ailleurs intenable, et Sabine ne s'y tiendra pas. Mais, dans cette civilisation patriarcale, elle est sans action sur les événements de la cité. Appliquée à son mari, sa morale est émouvante en ce qu'elle aime Horace même dans le mal qu'il lui fait; l'héroïsme l'a menée jusqu'au masochisme.

Plus que l'affrontement des armes, c'est celui des principes moraux qui oppose Curiace à Horace. La langue du sentiment, que parle le premier, et celle de la gloire qu'emploie Horace, sont inintelligibles l'une pour l'autre. Son humanité n'empêche nullement Curiace d'accepter de faire son devoir dès que celui-ci lui est proposé. A peine est-il désigné pour le combat qu'il va jusqu'au bout du sacrifice. Mais, ce qu'Horace ne fait pas, il en gémit. Mieux : sa revendication d'être homme implique, non seulement le droit au sentiment, mais le refus des compensations de la gloire, qu'il estime illusoires. En cela il annonce les temps nouveaux, les temps désenchantés par rapport au cornélianisme même, les temps où un Valéry refusera la maigre immortalité noire et dorée qu'il pourra mépriser. Dans cette attitude, Curiace n'est pas isolé : bien des Albains, et sans doute un certain nombre de Romains, par exemple Valère, partagent ses idées. Pourtant, malgré elles, il met au premier plan le devoir envers son pays et adopte l'idéologie dominante, laissant ainsi Camille seule.

Pour celle-ci le sentiment, avec ses nécessaires conséquences antisociales, est la valeur suprême. Dès son entrée en scène, elle apparaît comme une exaltée. Surprise à l'arrivée de Curiace, elle interprète spontanément sa présence, non seulement par une désertion, mais, ce qui est pire, par un passage à l'ennemi. Au deuxième acte, elle suggérera encore à Curiace de déserter avant le combat. On comprend qu'au moment décisif du conflit avec son frère, du plus grand malheur et du pire défi, elle déserte et maudisse Rome. Elle en est punie parce qu'elle est totalement extérieure à l'univers de la gloire, et non pas partiellement comme était Curiace, et qu'ainsi elle peut en contester les valeurs de la façon la plus radicale. Elle établit la liaison, sur le plan des idées, entre Curiace qu'elle aime et Valère qui l'aime. Celui-ci en effet est attaché comme elle à l'idéal humaniste. C'est ce qui fait la valeur politique de sa dernière tirade, où il représente une tendance sans doute non négligeable de l'opinion romaine, indignée et peut-être menaçante devant la démesure d'Horace.

Il est vain de se demander quelle peut être, devant les idéaux opposés de l'héroïsme et de l'humanisme, l'opinion de Corneille lui-même. Un véritable auteur dramatique ne prend pas parti entre les personnages qu'il crée pour qu'ils s'affrontent. En tant que juriste, l'auteur d'*Horace*, qui est aussi avocat du roi à Rouen, devait remarquer dans les deux camps des Romains et des Albains une hésitation à suivre les combattants dans leurs excès, à passer de la vertu au crime, et se rappeler la sage prescription : *Summum jus, summa injuria*. Mais, en tant que créateur de tragédie, il devait privilégier l'attitude la plus dure.

La puissance d'*Horace* vient aussi de ce que des conflits d'une violence paroxystique y sont présentés dans une forme dominée, rigoureuse et exigeante. Pour la première fois dans l'œuvre de Corneille, cette tragédie observe scrupuleusement les trois unités : l'action est unifiée, le temps ne dépasse pas quelques heures, le lieu ne change pas. En outre, l'exposition est complète et soignée, toutes les scènes sont liées, la matière de l'action n'est pas excessive comme elle l'était dans *le Cid*, et le spectateur n'est choqué par aucune violence physique, à condition, comme le rappelle Corneille, que l'interprète de Camille n'oublie pas d'aller se faire tuer en coulisse. On a pu contester l'unité de l'action en observant qu'Horace court successivement deux périls, qui l'opposent aux Curiaces d'abord, puis à sa sœur et à l'accusation de meurtre qu'il encourt. Corneille, écrivant l'*Examen* d'*Horace* en 1660, donc longtemps après la mort d'un Richelieu qui avait été le garant de l'éthique héroïque, plaide sur ce point, comme il lui arrive souvent, contre lui-même. S'il explique que Sabine, malgré sa passivité, est néanmoins incorporée à l'action, il est devenu moins sensible à l'unité et à la nécessité du caractère d'Horace, bien qu'il proclame que la liaison logique de deux périls ne rompt point l'unité d'action.

Mais il ne s'agit pas seulement, ou en tout cas pas essentiellement, de « respecter » des règles. L'auteur, même classique, ne doit obéissance à personne. Il cherche, par des techniques variées, qu'il trouve dans l'usage ou qu'il invente, à créer le plus d'émotion possible. Seules seront donc vraiment remarquables celles de ces techniques qui seront valorisantes. C'est le cas, dans *Horace*, pour deux d'entre elles, celle des péripéties et celle de l'unité de lieu.

La pièce est animée par de nombreux retournements : c'est la guerre, puis la trêve, puis la décision de s'en remettre à un duel, le choix des Horaces, le choix des Curiaces, la suspension, puis la reprise du combat, l'échec provisoire des Horaces et la victoire finale du jeune Horace. Tous ces événements commandent toutes les actions. Mais quand Camille les résume dans son monologue du quatrième acte, elle s'irrite de cette alternance régulière de bonheurs et de malheurs qui lui paraît dirigée contre elle-même et son irritation la mène bien vite à la révolte contre le destin, la famille, la patrie, qui entraîne l'événement central de la pièce. Si la cause secrète du geste de Camille est la succession des péripéties, la technique dramaturgique est devenue créatrice de tragique.

Il en est de même pour la définition du lieu. En choisissant, pour la première fois en France, de le limiter rigoureusement à une seule salle, celle de la maison d'Horace que représente le décor, Corneille satisfaisait les théoriciens de la régularité, mais créait deux problèmes. Comment faire connaître, avec ce décor unique, les deux séries d'événements qui se passent ailleurs et que le sujet comporte nécessairement, le combat des Horaces et des Curiaces devant les deux armées, et le jugement d'Horace par le roi à la fin ? *Horace* répond à la deuxième question en imaginant que, par un honneur exceptionnel mais qui n'est pas sans exemples dans la France du XVIIe siècle, le roi daigne venir chez le Vieil Horace au lieu de l'inviter à son palais. Pour la première, Corneille utilise, en le diversifiant, le procédé traditionnel du récit d'un témoin qui vient rapporter ce qu'il a vu. Mais il est rendu ici dramatique et nécessaire par le fait que les deux principales intéressées, Sabine et Camille sont séquestrées dans leur demeure, de crainte que leur émotion n'entrave le déroulement du combat. Ainsi le décor devient une prison. Ce qui est intéressant n'est plus ce que le spectateur voit, mais ce que le prisonnier attend. On a souvent reproché au théâtre classique de placer ses personnages hors des lieux où se place l'action véritable, sans voir que cette distance est émouvante par elle-même, puisqu'elle concentre l'intérêt, non sur des faits matériels, mais sur leur retentissement dans l'âme des héros, ce qui est le vrai sujet de la pièce. *Horace* est la première étape importante de cette intériorisation du sentiment.

Par tous ces soins, Corneille se situe, ce qu'il ne faisait pas avec *le Cid,* dans le groupe, encore restreint, des auteurs soucieux d'utiliser des règles et qui reconnaissent leur maître le plus ancien et le plus illustre en Aristote. *Horace,* comme il l'indiquera en 1660, est une pièce aristotélicienne, par exemple en ceci que les conflits y naissent, non pas entre personnes hostiles ou indifférentes, mais entre personnes proches par l'affection ou par le sang. On peut ajouter que les ressorts essentiels du tragique selon Aristote, la crainte et la pitié, y sont constamment utilisés. Par exemple Valère, dans sa dernière tirade, veut faire craindre la brutalité d'Horace et attendrir sur le sort de Camille.

Toutefois, dans d'autres passages, Corneille manifeste vis-à-vis d'Aristote une liberté singulière, et cela dans le texte même de la tragédie. Ainsi Curiace, au deuxième acte, analyse ses sentiments par des références explicites aux principes aristotéliciens du tragique. Il est sans « terreur », c'est-à-dire qu'il ne montre à autrui aucune crainte, mais il éprouve une « horreur » intérieure qu'il domine par son courage. Il a donc « pitié » pour lui-même. Comme ces sentiments ne poussent pas à l'action et sont même paralysants, il recourt à un troisième, qui sera exploité à fond et théorisé avec la tragédie de *Nicomède* mais existe déjà, l'admiration, sous la forme d' « envie » : Curiace envie ceux qui sont déjà morts à la guerre. Hélas, rétrospective et en quelque sorte esthétique, cette admiration-là ne mène pas non plus à l'action. De cette faiblesse dialectique Curiace mourra. Son discours montre combien Corneille est critique vis-à-vis d'Aristote, puisque le précepte le plus célèbre de celui-ci ne permet pas, dans ce cas, de construire une situation tragique. Les trois mêmes entités d'origine aristotélicienne, pitié, horreur et admiration sont mentionnées par leur nom dans le récit de Julie au troisième acte, mais elles ne servent qu'à décrire les hésitations contradictoires des soldats oisifs. Horace, après avoir tué Camille, refuse hautainement la pitié. Il ne veut ni l'éprouver ni l'inspirer. Il est au-delà d'Aristote. Enfin, aucun personnage d'*Horace* ne suit le conseil d'Aristote, qui veut que le héros tragique ait commis quelque faute afin que sa punition, tout en étant excessive, ne soit pas totalement imméritée. Les personnages de Corneille sont ici, tous, complètement innocents. Par tous ces traits, trop précis pour être accidentels, l'auteur d'*Horace* dépasse Aristote tout en appliquant le mieux possible ses enseignements.

La date de la première représentation de *Cinna* non plus que celle des trois œuvres de Corneille qui lui succèdent, ne peut, malgré la célébrité de ces pièces, être fixée avec certitude. Différents systèmes de chronologie ont été proposés. Ils ont en commun de situer la création du *Menteur* avant l'incendie qui, le 15 janvier 1644, détruit totalement le Théâtre du Marais et empêche la troupe de jouer pendant plusieurs mois. Si, en l'absence de toute indication contemporaine précise, on suppose que les quatre pièces en question sont séparées par des intervalles à peu près égaux, on aboutit à assigner, très approximativement, les créations de *Cinna*, de *Polyeucte*, de *la Mort de Pompée* et du *Menteur*, respectivement, aux derniers mois des années 1640, 1641, 1642 et 1643. Le délai d'un an, ou d'un peu moins, est en général celui qui est nécessaire à Corneille pour concevoir, écrire et faire représenter une pièce nouvelle.

Le succès de *Cinna* fut considérable. Il est même qualitativement différent de tous ceux qui ont précédé. Avec sa nouvelle tragédie, Corneille s'est fait reconnaître comme un maître de psychologie politique, et par là il a conquis l'admiration, non seulement de ceux qui ne cherchaient au théâtre qu'une satisfaction esthétique, mais en outre de ceux, membres de la classe politique ou de la Cour, qui appréciaient en connaisseurs ses analyses et dont le jugement avait le plus de poids dans l'État. C'est pourquoi Corneille dit dans l'*Examen* que « d'illustres suffrages » ont décidé que *Cinna* était la meilleure de toutes ses pièces; dès la dédicace de 1643, il disait avoir choisi « ce poème » comme étant « le plus durable » de tous les siens. Les raisons de cette primauté ne sont pas les mêmes pour le public du temps de Louis XIV et pour celui de la fin du règne de Louis XIII, mais elles reposent sur une vue juste de la nature du sujet et de la manière dont Corneille l'a traité.

La nouveauté essentielle de la pièce ne dépend pas du personnage dont le nom lui fournit son titre. Ce Cinna et son Émilie n'ont occupé dans l'histoire romaine qu'une place médiocre. Ce qui compte, à une époque où la monarchie absolue achève de se constituer, c'est la transfiguration du souverain. Les rois du *Cid* et d'*Horace* n'apparaissaient guère que comme juges. Auguste ici est le véritable héros. Mais il n'y a rien de statique dans sa gloire, qu'il doit au contraire conquérir par une douloureuse évolution. Il est avec Cinna dans la même relation dialectique où se trouvaient Rodrigue avec Chimène et Horace avec Camille : en une lutte fondée sur une analyse toujours plus serrée des principes moraux, chacun, dans chaque couple, s'efforce de surpasser l'autre, et, par cet effort, se dépasse lui-même. Cinna prend dans cette lignée la suite des femmes, et est vaincu par Auguste en générosité. Mais, puisqu'il s'agit d'une conspiration, les conflits ne sont pas portés sur la place publique, comme ils l'étaient dans les tragédies précédentes. Ils se déroulent dans le secret des cabinets, voire des cœurs, et la révélation des secrets des gouvernants a toujours été une recette infaillible du théâtre. Au reste, ces secrets ne sont pas simples et personne n'est jamais sûr d'agir comme il le doit. Comme la vérité et la réalité dans l'œuvre de Pirandello, la moralité et la politique sont dans *Cinna* mises en cause d'une façon complexe qui préserve à la fois la liberté de l'auteur et celle du spectateur.

Cette mobilité consubstantielle au sujet en entraîne le traitement dramaturgique. Une conspiration attache toujours l'intérêt du public, par le caractère immédiat du danger qu'y courent les conjurés, même si la crédibilité de leurs motivations reste faible. Par nature, le sujet engendre les retournements émouvants. Ici, ce sont les hésitations d'Auguste entre la tentation de l'abdication et l'exercice du pouvoir, entre la répression et la clémence, les hésitations parallèles des conjurés, la fausse mort de Maxime, et, dernier « suspense », la lenteur avec laquelle Auguste fait connaître, à la surprise générale, sa dernière décision.

D'autres centres d'intérêt sont datés. En 1660, et tant que le sentiment monarchique sera vivant, la pièce ne pourra manquer d'apparaître comme un hymne à la monarchie. Les comparaisons doctrinales entre monarchie et république présentées dans la délibération du deuxième acte ne doivent pas faire illusion : Corneille n'est en rien un républicain. Dans la riche thématique du roi, élaborée avant *Cinna* par de nombreux traités de morale politique, le problème essentiel concernant Auguste est celui de la légitimité de son accession au pouvoir. Il a commis pour régner de nombreux crimes, qui suscitent l'opposition en apparence irréductible des autres personnages de la pièce. Est-il pour autant condamnable comme un simple citoyen ? La réponse, très clairement négative, est donnée par Livie au cinquième acte : puisque Dieu a voulu qu'il règne, c'est qu'il l'a innocenté, et tous doivent s'incliner devant cette décision. Même la conspiratrice Émilie convient de ce dogme, que reprendra Bossuet après bien d'autres. Mais la leçon de monarchie qu'apporte *Cinna* est dramatique parce qu'elle est longuement contestée avant que le dénouement l'impose.

Ce qui l'impose n'est ni la force de l'évidence ni l'intervention divine, car la prophétie inspirée de Livie qui termine la pièce ne fait que confirmer et prolonger vers un avenir glorieux un équilibre moral déjà accepté par les personnages. C'est la clémence d'Auguste. Après avoir fait tuer le père d'Émilie, parce que la raison politique l'y obligeait, Auguste a compensé, reprenant ainsi sur un autre plan le sujet du *Cid,* en traitant l'orpheline comme sa véritable fille. Cinna était son ennemi politique ; Auguste l'a couvert de bienfaits. Ces actes de clémence isolés dans le passé culminent en celui que présente la pièce, puisque là c'est la vie même d'Auguste qui est directement menacée. Le vrai contenu du pouvoir suprême qu'Auguste a acquis, c'est cette habitude de la bonté qui, à travers ses crimes passés, témoigne de l'assomption morale qu'il doit à son élévation. Ainsi tous peuvent communier dans l'admiration d'une grandeur qui provient de celle même de Dieu, dont elle est l'image.

Il reste qu'une peinture réaliste de la condition royale doit faire la part des crimes, qui ne peuvent pas tous être relégués dans le passé. Le mauvais roi est couramment excusé par les mauvais conseils de son mauvais ministre. Ici, Auguste ne commet aucune faute, mais les fautes de ses adversaires sont excusées par un schéma analogue. La honte de la dénonciation est réservée à l'affranchi Euphorbe, qui porte le nom d'une plante vénéneuse, et Maxime précise bien que cet ancien esclave a gardé des sentiments serviles. Les hommes libres ne se salissent pas les mains, dans ce qui reste pour eux une lutte idéologique.

A la création, le spectateur perspicace percevait toutes ces idées, mais derrière cette noble façade, il en percevait encore quelques autres, qui seront dépassées sous Louis XIV. Le problème politique s'est en effet notablement déplacé en vingt ans. En 1660, pour la monarchie absolue, la partie est gagnée. En 1640, malgré la poigne de Richelieu, elle ne l'est pas; la Fronde allait le montrer. Pour convaincre ses premiers spectateurs, Corneille devait donc inscrire en filigrane dans sa tragédie une description réaliste des mobiles féodaux. La pièce chante l'assomption de l'esprit féodal à l'esprit monarchique. Mais, pour atteindre son but sans compromettre le triomphe final, elle devait démystifier subtilement les mobiles des personnages, et montrer que le vrai Cinna repose sur une fausse sincérité. De fait, l'assomption est souvent pénible, et titubantes les démarches de tous les personnages, sans exception. Si l'on lit la pièce avec des yeux louis-quatorziens, on s'aperçoit que Corneille l'a peinte avec des couleurs bien noires. L'admirable conversion d'Auguste n'emplit que le dénouement. Tout le reste, c'est-à-dire les neuf dixièmes de la pièce, est souvent sordide, malgré la noblesse de la forme que, précisément pour cette raison, il exige.

Le début de la tragédie marque avec force les hésitations d'Émilie et se poursuit par le récit de l'assemblée des conspirateurs fait par Cinna et dont la rhétorique trop ornée dénonce le caractère fictif de l'idéologie qui les inspire. Ainsi, que chacun veuille pour soi l'honneur du premier coup est une technique de la noblesse française qui avait fait ses preuves à Azincourt... Un autre facteur d'inauthenticité est que les conspirateurs, et en particulier Cinna, se réfèrent sans cesse aux faits héroïques et aux idéaux politiques de la génération antérieure. Ils imitent, ils n'agissent pas. Cinna veut être un autre Brutus, un autre Pompée; il ne veut jamais être Cinna. Ce qu'il reproche essentiellement à Auguste, c'est la politique du temps du triumvirat, qui a entraîné le massacre des pères des conjurés. En prenant, dans l'imaginaire, la place de leurs pères, les conspirateurs vident leur projet de toute actualité : la République, c'était hier. En outre un triumvir en vaut un autre, les candidats à l'Empire n'ont été guidés que par leur ambition person- nelle, de sorte que cette localisation passéiste vide l'action de Cinna de tout contenu politique réel.

Au reste, Cinna est un faux démocrate. Lorsqu'il s'élève au-dessus des considérations personnelles, il est beaucoup plus convaincant dans sa démonstration, sans doute sincère, de la nécessité d'un pouvoir fort et stable que quand il laisse percer ses vrais sentiments vis-à-vis du peuple, qui sont la méfiance et le mépris. Ses principes sont douteux, voire trompeurs, parce qu'il ne conspire que pour gagner Émilie. En outre, il commet des erreurs politiques. Il n'a pu rallier à sa cause aucune des grandes familles romaines. Ses partisans sont des inconnus. S'il faut en croire le mépris d'Auguste pour ceux qui ne valent même pas l'honneur d'être nommés, Cinna a commis la faute d'enrôler le « Lumpenproletariat ».

Émilie se démasque dès le quatrième vers : en parlant de séduction et d'aveuglement, elle fait prévoir que la lumière de la vérité anéantira son échafaudage de haine. Elle n'agit que par Cinna; elle le tient par son serment, auquel il n'obéira, de plus en plus, qu'à contre-cœur; ainsi Don Ruy Gomez tiendra Hernani. Les rapports entre Émilie et Cinna ne sont presque jamais des rapports amoureux; ce sont des rapports de force. Elle flanche à la fin du premier acte, lorsqu'elle lui suggère de fuir. Mais elle retrouve assez de force pour se livrer avec lui, au troisième, à une magnifique scène de chantage réciproque. Au quatrième enfin, elle domine aisément Maxime, dont elle devine les mensonges. Par rapport à lui, Cinna et elle ont, à leur niveau et à l'intérieur de leur cercle d'erreur, une certaine grandeur d'âme, que le jeu des acteurs peut magnifier encore.

Maxime défend la liberté devant Auguste, mais il le fait en bourgeois : l'Empire est pour lui une propriété, une marchandise, qu'Auguste peut à son gré conserver ou céder. Son échec est sanctionné par la décision d'Auguste qui le nomme gouverneur de Sicile : c'est un exil. Au troisième acte, ayant percé l'égoïsme de Cinna, il se tourne contre lui. Il refuse d'abord l'idée de la dénonciation que lui propose Euphorbe; mais l'affranchi sent bien que son maître faiblit, et se décide à exécuter lui-même la dénonciation.

Auguste enfin, sauf au dénouement, n'échappe pas à ce tissu d'accusations que les grands principes laissent aisément filtrer dans leurs intervalles. Il est possédé par une mélancolie et une tentation de tout abandonner bien inauthentiques pour un chef d'État. Il est étrangement irrésolu : il a jadis demandé à Agrippa et à Mécène s'il devait abdiquer, il repose la même question à leurs pâles successeurs, Cinna et Maxime. Il pense, lui aussi, en marchand lorsqu'à la fin de cette délibération il estime qu'il a « adouci » le meurtre du père d'Émilie à force de dépenser pour elle beaucoup d'argent... Au quatrième acte encore, lorsqu'il rentre en lui-même, il n'y trouve pas grand'chose : son monologue, dépourvu de toute transcendance, ne discute que de questions d'opportunité. Auguste n'est encore qu'un homme; le vrai couronnement ne lui sera donné qu'à la fin.

Les spectateurs de 1640 ne pouvaient manquer de rapprocher ces nuances des réalités qu'ils avaient sous les yeux. Malgré sa faiblesse individuelle et politique, le roi de France a, comme l'empereur romain, l'immense mérite de rendre impossibles, grâce à son œuvre de centralisation, les guerres civiles de naguère. Quant aux conspirations, elles ne manquent pas sous Louis XIII : comme dans *Cinna,* les femmes et l'amour y jouent un rôle, souvent les mobiles politiques y sont peu profonds, l'imprévoyance grande et les secrets trahis. Mais ces médiocres circonstances sont transfigurées par la grandeur des sentiments et la beauté de la poésie que Corneille a su, sans renoncer à un impitoyable réalisme, insuffler à sa tragédie.

Cinna est en effet, sur un autre plan, un exercice de style, qui préfigure ce que *la Mort de Pompée* portera plus loin encore dans l'ordre de la recherche poétique. La grandeur n'y est pas seulement obtenue par les mots, mais aussi, dans la mesure du possible, par la mise en scène : la « troupe de courtisans » du début du deuxième acte, qui disparaît dès qu'on l'a vue, n'est là que pour souligner la puissance de l'empereur. L'écriture fait de même. Les sentences sont fréquentes et énergiques. Le récit de Cinna au premier acte est fort long et il est enrichi, comme le souligne Corneille à juste titre, par tous les ornements de la rhétorique. La pièce compte cinq monologues, un et un seul pour chaque personnage important : Émilie, Cinna, Auguste, Livie et Maxime. Cette régularité ne saurait être due au hasard. Les monologues sont à la mode parce qu'ils font briller les acteurs, mais aussi l'auteur. Enfin tous les personnages parlent avec une noblesse presque excessive. Le début de la pièce est riche en adjectifs voyants, le discours de Cinna est composé selon des procédés qui, loin de se dissimuler, s'affichent, Auguste manie une éloquence à la fois austère et altière. Toutes ces beautés ne seraient-elles point rendues nécessaires par le fait que la réalité n'est pas belle ? Une tragédie dure, qui n'est pompeuse qu'en apparence, a besoin d'être sauvée par le style.

Au point de vue dramaturgique, *Cinna* est une pièce presque parfaitement classique, à une époque où étaient bien jeunes encore les soucis de concentration, de simplicité et de rigueur. L'exposition et le dénouement sont particulièrement brefs, clairs et efficaces. L'action est traitée en scènes longues et approfondies, sans allées et venues inutiles des personnages; le nombre total de scènes, qui est de vingt, est exceptionnellement petit pour une pièce en cinq actes. Pas de violence physique, pas de sang ni de morts. La tragédie n'en est pas moins tragique pour montrer qu'elle consiste essentiellement en luttes morales. Un acte entier, le troisième, est même dépourvu de faits nouveaux, et consacré tout entier à détailler les remous sentimentaux provoqués par les événements, à la vérité fort surprenants, qui ont précédé. Les ressorts aristotéliciens, comme les formes, sont dépassés en ce que la pièce excite moins la terreur ou la pitié que l'admiration. Le temps dure moins de vingt-quatre heures. Toutefois quelques libertés sont encore notables. L'amour de Maxime pour Émilie n'est connu qu'au troisième acte; Livie n'apparaît qu'au quatrième. Le lieu est bien limité au palais d'Auguste, mais dans ce cadre il est nécessaire de distinguer deux lieux particuliers distincts, l'appartement de l'empereur et celui d'Émilie, car il n'aurait pas été croyable, comme le remarque Corneille, que les conspirateurs complotent dans la salle du trône. Ces deux lieux occupent chacun des actes entiers, sauf pour le quatrième, où Corneille est obligé, une seule fois, de rompre la liaison des scènes.

La liberté la plus importante que se soit donnée Corneille dans *Cinna* concerne quelques vraisemblances. La délibération du deuxième acte n'est pas conforme aux usages de la monarchie. Auguste y déclare qu'il se conformera rigoureusement aux avis de Cinna et de Maxime, alors qu'un conseil royal n'a jamais pouvoir que de conseiller et que la décision appartient au souverain. Et si le conseil n'a que deux membres et que leurs avis, comme c'est le cas, divergent, le maître est bien obligé, ainsi que le fait ici Auguste, de choisir lui-même. Dans la scène suivante, les deux conspirateurs ne s'avisent de leur imprudence qu'après avoir parlé assez longtemps; il est déjà trop tard, si les murs ont des oreilles. C'est surtout la confiance d'Auguste en Cinna qui est surprenante. Après l'avoir démasqué, il analyse cruellement son peu de mérite : vertus, travaux, qualités, Cinna n'a rien. Si Auguste sait tout cela, pourquoi a-t-il eu en un homme si médiocre une telle foi et lui a-t-il confié de si grandes responsabilités ? Ces détails, qui étaient peut-être modifiables, Corneille les a acceptés comme la rançon de la fable qu'il avait choisie pour sa richesse politique et humaine.

Si l'étape suivante du progrès de la tragédie cornélienne est de nature religieuse, c'est en partie parce qu'il existe, en dehors du théâtre, une littérature pieuse extrêmement répandue, qui ne s'adresse pas seulement, par des œuvres en latin, aux érudits, mais aussi au peuple, par toute une hagiographie de colportage. Entre·ces deux publics, un autre restait à toucher : celui de la bonne bourgeoisie et de la noblesse, pour qui Corneille écrira après 1650 ses poésies religieuses, celui qui faisait le succès du nouveau théâtre. Il n'avait pas encore connu d'expression théâtrale des problèmes religieux, à l'exception des tragédies de collège, le plus souvent écrites en latin, et dans quelques-unes desquelles l'élève Corneille avait peut-être joué, ou de quelques rares pièces, généralement provinciales, archaïques et restées obscures. L'ambition de la Contre-Réforme devait être tentée d'annexer ce domaine nouveau. De fait, peu d'années avant *Polyeucte,* une poignée d'auteurs dramatiques connus s'étaient essayés dans la tragédie à sujet religieux.

Corneille s'engage avec prudence dans cette voie peu explorée et fort peu assurée de la bienveillance de l'Église. Il évite les sujets bibliques, que le respect l'eût empêché de modifier, et choisit l'histoire d'un martyr obscur qu'il pourra adapter à une dramaturgie novatrice sans risquer d'objections théologiques. Ses sources lui fournissent l'essentiel de ce qui concerne Polyeucte, Néarque, Félix et Pauline. Il y ajoute divers aménagements, les conversions finales, qui sont, dit-il, semblables à ce qu'on trouve fréquemment dans les récits de martyres, et surtout, par une décision qui rééquilibrait fondamentalement la tragédie tout entière, le personnage et l'amour de Sévère. Par là, le sujet simplement édifiant se muait en un conflit émouvant entre l'appel du divin et celui de l'humanité. Malgré les réserves présentées sur la partie proprement religieuse de *Polyeucte,* c'est ce conflit qui fit, au XVIIe siècle, le très grand succès de la pièce. Corneille put se permettre de la dédier à la reine Anne d'Autriche, ce qui lui valut une pension de mille livres.

S'il n'est aucun des cinq actes qui n'omette de parler de l'évolution religieuse de Polyeucte aussi bien que de la puissance et de l'amour de Sévère, assurant par là la liaison étroite et constante des deux composantes de l'intrigue, c'est le drame amoureux qui appartient plus particulièrement à Corneille et qu'il a traité avec la plus grande exigence de réalisme et de noblesse à la fois. Jeune fille, Pauline a eu pour Sévère une grande passion. Obéissant à son père, elle y a renoncé et a épousé Polyeucte. Quinze jours de mariage ont suffi à transformer son devoir de fidélité en un amour véritable et profond. Elle ne connaît ni problème moral ni hésitation, mais ne renonce pas non plus à une sensibilité légitime. La scène où elle revoit Sévère est même, malgré la décence et la rigueur de la conduite, brûlante d'une sensualité contenue qui évoque d'autres rencontres passionnées, celle de *Partage de midi* ou celles que commente et rehausse la musique de *Tristan* ou de *Pelléas.* Mais le refus est nécessaire à l'amour, par une dialectique qui était le sommet du *Cid* et devient ici un élément d'un ensemble plus complexe.

La générosité engendre la générosité d'autrui et se nourrit d'elle, de sorte que les trois intéressés ont une confiance parfaite et justifiée les uns en les autres. Au troisième acte, Félix n'est pas davantage mesquin. Devant le scandale public provoqué par Polyeucte, il réagit en homme politique responsable. L'émotion populaire l'oblige à prendre d'urgence des décisions. Il apparaît dans cet acte comme parfaitement raisonnable, bien que tourmenté, ce qu'explique sans peine la cruauté de la conjoncture. Rien en lui de bas, du moins qu'il ne reconnaisse pour tel, et encore moins de ridicule. Son problème est difficile; on ne voit pas ce qu'on aurait pu faire d'autre à sa place. Malheureusement, le sens politique va abandonner Félix, qui commettra au dernier acte une lourde erreur. Pauline dispose d'autres armes, et elle s'en sert avec lucidité et énergie, contre Polyeucte d'abord, contre Sévère ensuite. A son mari elle oppose un argument sérieux, et qui serait même susceptible de s'insérer dans la morale chrétienne : un héros a le devoir de vivre; l'aspiration au martyre n'est-elle pas une forme de suicide? Mais tout se brise contre l'obstination de Polyeucte. A Sévère Pauline demande, s'appuyant sur l'éthique de la gloire qui leur est commune, de sauver son mari, ce qu'effectivement le Romain va tenter de faire. Dans ce drame si fortement intégré, la gloire est aussi exigeante et aussi désespérante que la religion pour les sentiments humains. Pauline ne peut pas non plus, du moins par ses propres forces, accepter l'exigence nouvelle de son mari, qui lui demande de se faire chrétienne pour l'accompagner dans la mort; ce n'est évidemment pas à cette condition qu'elle s'était mariée. Même les conversions miraculeuses de la fin sont interprétables sur le plan humain. Si la profession de foi chrétienne est, dans le contexte historique, une forme de suicide, on peut comprendre que Pauline, veuve, veuille se perdre et que son père, épouvanté de sa responsabilité, veuille la suivre.

Ainsi ce qui est humain dans *Polyeucte* est analysable. Ce qui est religieux ne peut pas vraiment l'être, puisque les desseins de Dieu sont insondables. Dans cette optique qui, pour Corneille n'est pas moins réelle que l'autre, le personnage principal n'est plus Polyeucte ou Sévère. Il est la Grâce. Sur ses cheminements et ses lois, l'auteur a tenu, non seulement à se conformer strictement à la doctrine catholique, mais à en présenter la trace par des allusions précises dans son texte. On peut y voir que la Grâce est un don du ciel, mais que son efficacité dépend de la liberté de l'homme, qui peut la refuser; que, renforcée par le baptême, elle inspire le désir du martyre; que le spectacle de ce martyre est un baptême du sang, qui provoque une conversion nouvelle; qu'enfin l'âme du martyr, admise au ciel, intercède auprès de Dieu pour une dernière et plus difficile conversion. Au reste, la Grâce est imprévisible et imméritée. Dans la pièce, elle touche Pauline qui la mérite et Félix qui ne la mérite sans doute pas; elle laisse de côté Sévère, qui la méritait peut-être.

Ce qu'ordonne essentiellement la Grâce est la lutte contre les dieux païens. Les hommes païens, qu'on pourrait penser à éclairer, n'intéressent pas les personnages de *Polyeucte*. De la même façon, le héros laïc suivait son idéal sans daigner regarder les hommes ordinaires. Cette attitude proprement inhumaine ne change pas lorsqu'on passe du registre profane au sacré. Dire qu'on se bat contre les dieux païens n'est d'ailleurs qu'une image, puisqu'ils n'existent pas; tout au plus se bat-on contre leurs images; et le principal reproche qu'on leur adresse est précisément celui de leur inexistence.

La Grâce enfin transfigure les principaux personnages. Pauline, admirable et impeccable selon le monde, est pour le Dieu des chrétiens insuffisante; elle est même, comme le dira Polyeucte, un obstacle, qu'il faudra écarter en la convertissant. Polyeucte, mondain et craignant de faire de la peine à sa femme au début de la pièce, devient un autre homme dès qu'il est baptisé; c'est lui qui entraîne un Néarque d'abord réticent. Loin de lutter pour sauver sa vie, il a constamment, au seuil même de la mort, une attitude triomphante. Ses stances, à la différence de celles de Rodrigue, ne marquent aucune hésitation; il y chante une conviction assurée. Au moment de la pire opposition avec Pauline, il prophétise la conversion de sa femme; et Dieu, contre toute raison, lui donnera raison.

Ces deux drames, l'humain et le divin, ne sont pas simplement juxtaposés dans *Polyeucte*. Ils sont fortement conjoints, par des liens qui font l'unité de la pièce. Aucun personnage ne peut faire un geste qui ne retentisse à la fois sur le problème sentimental de la famille de Félix et sur le problème religieux et politique posé par le christianisme. Le songe de Pauline, prémonitoire en tous ses détails, l'est particulièrement en ce qu'il fait intervenir les chrétiens dans la destinée de Polyeucte. La partie sacrée, faite pour exciter surtout l'admiration, provoque aussi la pitié; à l'inverse, la partie profane a pour principal ressort la pitié, mais fait aussi une place à l'admiration. Toutefois, Corneille ne pouvait pas vouloir entre ces deux parties une égalité parfaite. Le contenu religieux est au premier plan dès la première scène, où Polyeucte et Néarque parlent du baptême. Le contenu profane, quelque émouvant qu'il soit, ne peut mener à aucune action, puisque l'attirance réciproque entre Pauline et Sévère est sans issue, et le restera après la mort de Polyeucte. A mesure que la pièce progresse, la religion l'emporte sur les sentiments humains, le personnage de Polyeucte sur celui de Sévère, l'admiration sur la pitié.

Toutefois, ce beau balancement est peut-être plus esthétique que métaphysiquement fondé. Si l'action de la Grâce est surnaturelle, elle n'est pourtant pas absurde. C'est dire qu'à chacune de ses démarches doit pouvoir être proposée, en surimpression en quelque sorte, une explication purement humaine. La cohérence de *Polyeucte* exige que cette double explication soit toujours possible. Ainsi, lorsque Pauline en pleurs dit que Néarque est l' « agent fatal » de Polyeucte, c'est vrai dans les deux perspectives : responsable de la mort du héros selon le monde, Néarque est aussi l'instrument de son salut. Par un véritable jeu de mots, Félix devient la Grâce de Polyeucte : le sort de celui qui vient de briser les idoles dépend de Dieu, en un sens, et en un autre, du gouverneur. Si Polyeucte demande sa « grâce », il sera « sauvé »; le vocabulaire est constamment équivoque. En remplaçant « martyre » par « suicide », on modifierait fondamentalement la portée de la pièce. Pauline a beau prétendre qu'elle a été menée au christianisme par la Grâce et non par le désespoir. Là comme ailleurs, la Grâce et le désespoir parlent le même langage. Le moins qu'on puisse dire, devant ces constatations, c'est que le christianisme de *Polyeucte* n'est ni univoque ni évident. De bons juges, comme Renan ou Claudel, ont douté de sa réalité.

Il y a plus. Les idées religieuses présentées par la tragédie sont celles d'un christianisme extrémiste. Peut-être régnaient-elles au IIIe siècle, du temps de saint Polyeucte; au XVIIe, elles devaient quelque peu effrayer les paisibles spectateurs du Théâtre du Marais. Elles enseignent que Dieu est une sorte de monarque absolu, qui peut tout exiger. Emportés par leur zèle, les personnages lui obéissent, non comme à un roi, mais comme s'il était un tyran. Polyeucte déclare « honteux » les « attachements de la chair et du monde »; plus modéré, Néarque les trouvait normaux; mais pour Polyeucte aspirant au martyre, les biens du monde ont exactement le même défaut que les dieux païens : à proprement parler, ils n'existent pas. Voilà donc Pauline rejetée dans le néant. De fait, Polyeucte, d'abord bon époux, a transformé sa femme en obstacle; le christianisme a accompli une fonction destructrice. Révoltante pour la conscience commune, cette doctrine est en outre inutile sur le plan de la connaissance, si derrière l'explication religieuse une autre est toujours possible. Seul Dieu sonde les reins et les cœurs. Mais il ne nous fait pas connaître les résultats de ses sondages.

Cette idéologie absolutiste entraîne une dramaturgie conquérante. Le héros ne peut plus, s'il est un saint, être déchiré par des problèmes ou par des doutes. La commode et humaine médiocrité que lui recommandait Aristote reste, comme Corneille l'a bien compris, loin derrière lui. Par son projet, qui est, comme il le dit à Félix, de voir Dieu face à face, Polyeucte dépasse les motivations humaines normales, fussent-elles dictées par l'idéal de la gloire. Il triomphe de la puissance destructrice du temps, qui pèse sur les autres héros tragiques. Il atteint dans l'héroïsme une perfection indépassable qui manquait à ses prédécesseurs, mais il ne l'atteint que par la mort. Il sort ainsi des limites du théâtre.

Pourtant, c'est au théâtre que Corneille a voulu conter son histoire, et, pour y parvenir sans s'égarer, il a dû appliquer avec rigueur à une matière si exceptionnelle les nouvelles et exigeantes techniques de l'art dramatique. L'*Examen* de 1660 remarque avec raison la « justesse » des trois unités dans *Polyeucte,* malgré quelques « scrupules » que Corneille discute avec sa conscience habituelle et qui sont minimes. Non seulement les unités règnent avec aisance, mais elles sont efficaces en produisant une émotion qu'une plus grande liberté aurait pu laisser échapper. Ainsi la dernière tentative de Félix pour convaincre

Polyeucte est rendue plus angoissante par la limitation du lieu et du temps : si au bout de quelques minutes Polyeucte quitte le lieu de la scène sans avoir prononcé les paroles qui sont attendues de lui, il mourra. C'est déjà le « Sortez » de *Bajazet*. Il n'y a que deux péripéties dans *Polyeucte,* le retour de Sévère et la profession de foi chrétienne du héros, mais comme elles retentissent avec force, l'une et l'autre, sur tous les problèmes, tant religieux que profanes, elles suffisent à alimenter toute la pièce. La noble ampleur des scènes, la discrétion des monologues et des récits, permettent de concentrer l'attention sur le drame, sans vain étalage de rhétorique. Le style est assez souple pour exprimer tantôt les émotions amoureuses et tantôt le sublime du martyre. Il parvient même à rendre parfaitement explicites des notions chrétiennes, voire théologiques, bien étonnées sans doute de se trouver, pour la première fois, jetées dans l'univers laïc de la littérature, par une diction surprenante et pourtant élégante.

Le seul vaincu, dans le champ de bataille qu'est toujours la pratique dramaturgique, c'est la vraisemblance. Elle a constamment posé des problèmes à Corneille, entraîné fort loin par la richesse de son imagination. Ici, ses problèmes sont commodément volatilisés : tout arrive quand et comme Dieu le veut. Dès lors, à quoi bon s'étonner si le gouverneur Félix, qui devrait être informé, n'apprend qu'avec surprise et à la dernière seconde la résurrection et la puissance de Sévère, si Polyeucte au deuxième acte, ayant déjà fait vœu de martyre, peut encore montrer à tous une civilité si courtoise et si mondaine, si Félix, auparavant habile, choisit au dernier acte la mauvaise politique et la pousse à son terme avant d'avoir consulté Sévère, s'il ment à Polyeucte bien maladroitement et trop visiblement, si Sévère enfin, lorsqu'il a définitivement perdu Pauline, ne trouve aucune réaction personnelle et se contente d'une déclaration assez vague de protection des chrétiens, au reste hautement improbable sur le plan historique, puisque le règne de Décius, au demeurant fort court, ne s'est pas terminé par un ralentissement des persécutions ? A tout le moins, ce dénouement, comme celui du *Cid,* rejette les problèmes brûlants dans un avenir indéterminé. Mais toutes ces questions passent inaperçues du spectateur dans le mouvement d'ascension vers Dieu qui fait le sujet et la vertu de la pièce.

Le genre de la tragédie religieuse, qui devait encore s'illustrer quelques années plus tard avec le *Saint Genest* de Rotrou, ne s'imposera pourtant pas durablement au XVIIe siècle; l'*Esther* et l'*Athalie* de Racine seront écrites et créées en dehors du théâtre public. Cette défaveur peut avoir des raisons dans les scrupules de certains milieux chrétiens, mais elle s'explique bien davantage par des orientations que *Polyeucte* met en lumière. Tout échoue devant la détermination et la sainteté du héros parfait, et cette rigidité est peut-être inhérente à tout théâtre religieux. La conduite de Polyeucte est sans doute difficile à suivre, héroïque, exceptionnelle. Du moins n'est-elle pas à inventer. Elle est connue d'avance. Alors que Rodrigue ou Auguste inventaient douloureusement leur destin, Polyeucte suit une voie, pénible certes, à la portée de peu de personnes, mais toute tracée. Lorsque Jésus disait, dans le *Mistère de la Passion* d'Arnoul Greban : « Accomplir faut les Écritures », il donnait à l'action d'un personnage dramatique une motivation incompatible avec les exigences du public français du XVIIe siècle, pour qui s'affirmera une dramaturgie de la liberté. En second lieu, lorsque la tragédie se hasarde à traiter un sujet religieux, cette précaire alliance profite moins à la religion qu'à la tragédie elle-même. Par cette contamination, c'est la tragédie, et non la religion, qui étend son domaine. La représentation de *Polyeucte* n'a provoqué, pour autant qu'on le sache, aucune conversion, et l'édition originale de la pièce s'intitule fièrement « tragédie ». Les milieux religieux n'ont point dû être satisfaits de cette assurance, et dès 1648 *Polyeucte* porte la mention restrictive de « tragédie chrétienne ». Enfin, le pire inconvénient d'un sujet religieux est que tous les aspects doivent en être interprétables aussi, sous peine d'être inacceptables pour le public, de façon purement naturelle et humaine. C'est sans doute de cette ambiguïté que la tragédie religieuse est morte : pour qu'elle soit admissible, il fallait que son contenu religieux soit inutile.

Le Cid, Horace, Cinna et *Polyeucte* ne suffisent certainement pas à donner une idée juste et complète de l'ensemble du théâtre de Corneille, caractérisé jusqu'à la fin par une volonté de renouvellement qui ne s'est jamais démentie. On ne saurait pourtant nier que ces quatre pièces célèbres occupent dans l'œuvre une place privilégiée. C'est d'abord parce que Corneille, atteignant avec elles la pleine maturité de son génie, a su donner aux héros de sa tétralogie l'éclat d'une jeunesse ardente. Rodrigue, Horace, Émilie, Polyeucte sont, dans l'univers imaginaire qui les impose à nous, aussi jeunes que les personnages des comédies antérieures, mais ils ont à faire face à des problèmes infiniment plus graves. Ils n'hésitent guère et vont jusqu'au bout de leur destinée, fût-ce à travers le malheur ou la mort. Ils ne s'embarrassent d'aucun calcul et, par le paradoxe qui définit un tragique de la gloire, c'est leur intransigeance qui triomphe. Leurs successeurs seront plus réfléchis, plus prudents, plus soucieux des obstacles extérieurs. Dès *la Mort de Pompée,* la dimension politique prendra dans la tragédie cornélienne une place de premier plan et restera presque toujours plus importante que par le passé.

En second lieu, ces quatre pièces forment réellement un groupe dont la succession n'est pas seulement chronologique. Elles ouvrent des horizons de plus en plus vastes dont chacun intègre le précédent en le dépassant. *Le Cid* met en scène le conflit du bonheur personnel et de l'honneur familial; objectivement, ce dernier l'emporte, après bien des luttes et des ruses, et malgré l'ambiguïté du dénouement. *Horace* pose à chacun de ses personnages le même problème, auquel seule Camille échappe en mourant; mais un degré de plus est franchi dans l'ascension, en ce que les sentiments de famille y sont à leur tour immolés aux intérêts de l'État. *Cinna* va plus loin encore, en dépassant l'idée républicaine de patrie et même l'idée démocratique de justice par l'exaltation d'un souverain sage et clément, dont tous dépendent. Auguste réussit, au terme d'une longue lutte, à imposer à ses propres sentiments et à autrui l'ordre que sa raison juge le meilleur. Puisqu'il est maître de lui comme de l'univers, cet ordre est nécessairement le plus élevé dans l'univers. Aux yeux d'un chrétien, il lui manque toutefois une ultime consécration. *Polyeucte* reprend donc toutes les gloires qu'illustraient les œuvres précédentes, amour, famille, patrie, loyalisme envers le gouvernement; tous les personnages assument toutes les obligations découlant de ces divers ordres; ils sont néanmoins conduits à reconnaître l'existence et l'exigence d'un ordre supérieur et à soumettre toutes ces gloires à la seule gloire de Dieu. Cette admirable progression mène au bord du ciel. La tétralogie est orientée et culmine en un sommet indépassable. Que faire ensuite?

L'ambition dramatique de Corneille, l'ardeur avec laquelle il a conduit le progrès de son art et son succès même font de *Polyeucte* une sublime impasse. Il est impossible d'aller plus loin sur la même voie. Or Corneille n'a pas encore trente-six ans. On conçoit que, ne voulant pas rester prisonnier de sa réussite, il hésite, il cherche. Il va explorer, après *Polyeucte,* des directions nouvelles. *La Mort de Pompée* est surtout une recherche sur la beauté poétique, ce que les tragédies antérieures, pour l'essentiel, n'étaient pas. Les deux pièces suivantes sont des comédies, mais leurs principes sont tout à fait différents de ceux qui animaient les œuvres de jeunesse de Corneille. Vient ensuite un groupe de trois tragédies caractérisées par une extrême noirceur et une complication exceptionnelle. Puis ce seront les premiers troubles de la Fronde, et la recherche esthétique de Corneille ne pourra plus s'en tenir à sa courbe solitaire et devra, dans une certaine mesure, tenir compte des événements.

L'avis *Au lecteur* de *la Mort de Pompée* explique que cette tragédie est issue de l'admiration de son auteur pour l'épopée latine de Lucain.

Corneille en a traduit ou imité une partie et a tâché, dit-il, de « réduire en poème dramatique ce qu'il a traité en épique ». Par sa conception, *la Mort de Pompée* est donc déjà une illustration de ce que Brecht appellera le théâtre épique, en même temps que par sa forme elle est l'effort poétique le plus intense et le plus soutenu que Corneille ait encore jamais apporté au théâtre. Ces caractéristiques lui imposent une dramaturgie originale, voire étrange, qui en rend difficile l'interprétation. Sur plusieurs points, *la Mort de Pompée* se souvient des grandes tragédies antérieures. Comme dans *le Cid,* le héros, au dénouement, doit partir pour la guerre avant d'envisager d'épouser celle qu'il aime. Ptolomée s'imagine tuant Cléopâtre avec la même ironie infernale qu'Horace tuant Camille; mais à l'acte réel est substituée une simple rêverie, et Ptolomée n'a pas osé tuer sa sœur. César domine Ptolomée d'aussi haut qu'Auguste faisait Cinna. C'est le même problème qui est agité au troisième acte de *Pompée,* celui de la clémence, mais il est trop tard, et c'est bien en vain que César s'imagine embrassant un Pompée dont le roi d'Égypte l'a opportunément débarrassé. L'image de leur concorde, que reprendra docilement Ptolomée, reste fantasmatique. César dispose du pouvoir qui dans *Polyeucte* était celui de Sévère; Ptolomée est un autre Félix; et Cléopâtre risque parfois d'assumer en partie la fonction peu enviable de Pauline.

Mais ces ressemblances se situent dans une atmosphère profondément différente. L'heure n'est plus à l'héroïsme. Ce qui subsiste de la tétralogie est enlisé dans l'histoire, et dans les considérations d'un intérêt personnel plus ou moins heureusement calculé. De nombreuses pulsions compliquent l'action et la prolongent. Le paradoxe d'*Horace,* tragédie qui trouvait son unité malgré l'évidente dualité des dangers que courait le héros, est ici multiplié. Loin de chercher la concentration, Corneille a accumulé dans *la Mort de Pompée* un plus grand nombre de figures historiques célèbres que dans n'importe quelle autre tragédie : Pompée, César, Antoine, Lépide, Ptolémée, Cléopâtre et Cornélie. Sept vedettes, sur le plan de l'histoire romaine du moins, conviendraient sans doute à l'ampleur d'une épopée. Elles sont un peu à l'étroit dans une pièce de théâtre qui prétend rester classique.

L'unité d'action leur résiste-t-elle? L'*Examen* affirme que le héros de la pièce est Pompée, bien qu'il n'y figure point, et que « sa mort est la cause unique de tout ce qui s'y passe ». On peut en douter, et compter dans la tragédie six actions distinctes, enchevêtrées selon les complexités de l'histoire plus que selon l'organisation rigoureuse d'un théâtre unificateur. La première est la mort de Pompée, décidée à la première scène et racontée dès le deuxième acte. La deuxième est la mort des conseillers de Ptolomée, qu'impose César; elle est prévue au troisième acte, décidée au quatrième et annoncée au cinquième. Le complot contre la vie de César est le troisième élément de l'action; il n'occupe qu'une petite partie de la tragédie, du début du quatrième acte à la troisième scène du dernier. Beaucoup plus longuement traités sont l'amour de César et de Cléopâtre et la lutte qui oppose cette princesse à son frère Ptolomée. Ces deux thèmes sont évoqués dès le premier acte et ne trouvent leur conclusion qu'au cinquième. Ils ne dépendent en rien de la mort de Pompée, et leurs origines sont bien antérieures à cet événement. Enfin, la sixième action est la vengeance de Pompée que va rechercher sa veuve Cornélie. Annoncée au troisième acte, elle se poursuivra même après le dénouement. Mais dans une pareille chronique la notion de dénouement conserve-t-elle un sens?

L'idée d'attacher une série d'actions à la mort d'un personnage qui dans la pièce reste invisible est ingénieuse; elle a dû séduire Corneille par son caractère paradoxal et exceptionnel; mais elle ne permet ni d'unifier l'action au sens classique ni même de la désigner par un titre satisfaisant. *La Mort de Pompée* promet, dans les usages du XVIIe siècle, une tragédie dont le héros, visible et agissant, serait Pompée, qui mourrait à la fin. Lorsqu'à partir de 1648 le titre s'abrège en *Pompée,* il devient moins convaincant encore, et plus trompeur. Ce qui conviendrait encore le moins mal au contenu réel de la tragédie serait de l'appeler *César et Cléopâtre;* c'est ce que fera, traitant de la même époque sinon du même sujet, Bernard Shaw. Mais Corneille tenait à mettre au premier plan la figure de Pompée qu'il croyait grandiose, au point de la comparer dans l'épître dédicatoire à celle du Cardinal Mazarin, parce qu'il a subordonné, dans cette pièce, les considérations dramaturgiques aux recherches poétiques.

C'est ce dont témoigne, entre autres traits, la remarquable hypertrophie du récit qu'offre *la Mort de Pompée*. Ptolomée raconte au début la bataille de Pharsale et la fuite de Pompée; Cléopâtre raconte comment César, à Rome, l'a aimée; Achorée raconte longuement, au deuxième acte, le meurtre de Pompée, puis, au troisième, la réaction de César lorsqu'il apprend cette nouvelle; au cinquième acte, Philippe raconte comment il a rendu à Pompée les honneurs funèbres et Achorée narre la mort de Ptolomée. Au total, six récits développés, précis, colorés, ornés. Ce sont, par les moyens du discours, les résultats que recherchent les grandes mises en scène spectaculaires. Corneille observe que ces récits sont justifiés par la relative tranquillité de ceux qui les font comme de ceux qui les écoutent. De fait, il y a antinomie entre le récit et l'action véritable, comme le montrait par exemple l'impossibilité constatée par Corneille de faire raconter la mort de Polyeucte, ou, au début du troisième acte de *la Mort de Pompée,* la curieuse dichotomie entre silence et parole dans la réaction de César apprenant la disparition de son adversaire : son silence, qui est suspension volontaire de l'action, est longuement raconté, puis il entre et parle lui-même longuement, en un discours qui est action. Quand on raconte tellement, c'est toujours au détriment de l'affrontement direct. De véritables conflits sont en effet impossibles, en raison du pouvoir écrasant que manie César. Trop nombreux et trop proches de leur célèbre histoire, les personnages, qui ne peuvent pas s'opposer longuement les uns aux autres, ne sont pas non plus suffisamment analysés pour éprouver des conflits intérieurs. C'est ce que manifeste le fait qu'aucun d'eux ne prononce jamais aucun monologue. Ils sont condamnés au contact, et à l'éloquence.

La primauté du verbe a encore pour conséquence que les délibérations, pour développées et importantes qu'elles soient sur le plan politique, sont décentrées par rapport à l'action. Celle qui ouvre la pièce est moins riche d'effets dramatiques que celle de *Cinna* parce que les motivations personnelles de ceux qui y prennent part sont à ce moment inconnues du public et que seule subsiste une leçon objective d'opportunité politique. Quand César, au troisième acte, reproche à Ptolomée d'avoir fait tuer Pompée, c'est encore une sorte de délibération, où sont pesés le pour et le contre ; mais elle vient trop tard, quand l'action est irrémédiablement accomplie.

Une histoire si complexe exige des vraisemblances, alors qu'un puissant tragique permettait de s'en passer. Habituellement désinvolte sur ce qu'exige le vraisemblable, Corneille est au contraire minutieux sous ce rapport dans *la Mort de Pompée*. C'est ainsi qu'il croit utile de préciser que si Achorée sait ce qui s'est passé à bord du navire par lequel arrivait Pompée, c'est qu'il l'a appris par Philippe. D'autres formes sont respectées. La tragédie se développe noblement, sur le lent rythme de ses vingt-deux scènes. Les unités de lieu et de temps sont observées, au moyen de quelques conventions ou aménagements qu'explique l'*Examen* et qui ne dépassent pas les libertés qu'accorde l'usage.

Mais le projet le plus original et le plus central de la tragédie, qui en informe la structure aussi bien que le détail, est l'idéal de grandeur décorative que le XVIIe siècle désignait par le terme de « pompe ». Paradoxalement, il semble que le pompeux soit comme appelé par le nom de Pompée. Une scène comme la première du cinquième acte montre bien comment cette sorte d'émotion stylistique engendre à la fois la conduite glorieuse, l'admiration qu'elle provoque et les mots qui l'expriment. Ces vertus n'ont naturellement pas échappé aux poètes. Racine a dû lire de très près *la Mort de Pompée*. Il a pu y trouver quelques traits par lesquels César était déjà Néron, la valeur émotive de l'amour d'enfance, l'idée, qu'exploitera *Bérénice,* de la haine de Rome pour les rois, et plus généralement le pouvoir de l'ampleur oratoire quand elle est appliquée à une situation politique décrite avec justesse. Les valeurs purement formelles touchaient davantage Valéry, qui voyait dans *la Mort de Pompée* une sorte d'exercice de style pur et disait pour cette raison préférer cette pièce à toutes les autres de Corneille.

Démarche expérimentale de technique dramatique qui reste exceptionnelle, *la Mort de Pompée* est aussi l'occasion pour Corneille d'affirmer, sur le plan idéologique, des valeurs qui resteront constitutives de son univers tragique. L'insolence est la première. Développée et magnifiée par *Nicomède*, elle est déjà ici l'expression théâtrale de la volonté politique d'indépendance. Elle est pratiquée par Cléopâtre s'adressant à son frère, par Ptolomée faisant tuer Pompée, par Cornélie défiant César. Mais elle a ses limites, que montre précisément le sort de Cornélie. Les sources disaient seulement qu'elle s'était enfuie sur mer après le meurtre de son mari. Corneille ajoute, par un mouvement que reprendra le dénouement de *Nicomède,* qu'on l'a rattrapée et ramenée à terre. Ce n'est pas uniquement pour respecter l'unité de lieu. C'est surtout pour affirmer qu'on ne peut échapper à la monarchie absolue dont Rome est l'image mythique et qu'on vit dans un monde où les simples rois sont et demeurent humiliés : le vrai pouvoir n'appartient qu'à Rome ; les rois, qu'on change selon les besoins, n'en ont que l'apparence.

Dans un tel monde, où les vainqueurs et les vaincus sont désignés d'avance, la seule supériorité qui puisse s'affirmer est d'ordre moral. La tragédie rend la justice au nom de l'idéal de la gloire. Elle condamne, sans appel, Ptolomée. Ce roi a de mauvais conseillers, mais il est lui-même un mauvais roi. Le devoir d'un roi, comme Cléopâtre l'explique clairement, est de décider par lui-même et de trouver en lui la générosité que lui donnent sa naissance et sa fonction. S'il le fait, le dogme de l'infaillibilité royale peut être proclamé. Mais Ptolomée se range à l'avis d'autrui, accepte des humiliations, montre de la « bassesse » et périt finalement parce qu'il a prêté à César une pensée basse et qu'il a lié son sort à celui de fuyards qui l'ont entraîné dans une lamentable noyade.

Par contre, la gloire anime, à des degrés divers, Cornélie, César et Cléopâtre. Cornélie, qui parle d'autant mieux qu'elle peut moins agir, a pourtant le mérite d'avertir son ennemi César de la conspiration qui se trame contre lui. César n'a aucune des bassesses qui déshonorent Ptolomée. Il a même toute la grandeur que lui prête la tradition historique. Il va jusqu'à rendre à Cornélie une liberté qu'elle emploiera à lutter contre lui. Toutefois, il est aussi habile que noble et ceux qui ne l'aiment pas font remarquer que sa gloire coïncide trop bien avec son intérêt. César n'est pas Octave, et c'est pourquoi Cornélie ne se rallie pas comme Émilie. Cléopâtre est digne de la couronne qu'elle finit par obtenir. Aimant César, elle voudrait, par honneur, que son frère défende Pompée. Elle est généreuse avec ce frère qui l'opprime. Son sentiment est mis au service de sa gloire et constitue ainsi le ressort de l'amour politique, qui deviendra essentiel dans les dernières œuvres de Corneille. Antoine le définit implicitement et avec quelque naïveté en disant que Cléopâtre aime forcément César puisqu'elle attend de lui sa couronne... Les entraînements passionnels contraires, ou même simplement étrangers, à l'intérêt politique n'ont plus de place dans un monde dominé par ce réalisme. On chercherait en vain la moindre émotion, et encore moins la moindre sensualité, dans les scènes entre César et Cléopâtre. Ils ne se voient jamais qu'entourés de quatre personnes au moins, et l'essentiel de leurs discours est politique.

Une telle tragédie n'est pas, sauf dans l'ordre chronologique, la continuation de *Polyeucte*. Elle est pour Corneille une façon de se retirer du jeu dramatique, d'écrire sans écrire. Il en est de même pour les deux pièces suivantes, qui sont des comédies. Corneille ne reprendra son véritable itinéraire tragique qu'avec *Rodogune,* bientôt suivie de *Théodore,* qui n'est point par hasard une tragédie religieuse, puisqu'elle est, après des essais divergents, la vraie continuation de *Polyeucte.*

Les explications de l'épître dédicatoire du *Menteur* sur les raisons du retour de Corneille à la comédie ne sont guère convaincantes : désir de changement et de divertissement, agrément du sujet, ingratitude qu'il y aurait eu à abandonner le genre comique. Bien que ces motivations aient pu jouer un certain rôle, elles laissent en dehors d'elles l'essentiel : *le Menteur* est une adaptation d'une œuvre espagnole, et ce nouveau type de comédie est désormais à la mode. Le public s'est lassé du réalisme et de la fantaisie un peu minces de l'époque précédente, et il cherche en Espagne des modèles plus brillants et plus colorés. La mode a été lancée surtout, avant *le Menteur,* par d'Ouville, frère du confident de Richelieu, Boisrobert ; il a vécu sept ans en Espagne et parle couramment l'espagnol. Si ce piètre écrivain a été tant suivi, c'est que ses innovations coïncident avec un goût très général du mouvement et de l'intrigue. Corneille, toujours soucieux de découvrir de « beaux sujets » et qui craindra de moins en moins la complication, partage ce goût. Son frère Thomas et l'auteur comique Scarron s'inscriront aussi, pour une partie importante de leur œuvre, dans ce courant esthétique.

En outre, la *comedia* espagnole permet, à côté d'une peinture de l'amour plus passionnée et plus vivante que naguère, l'introduction d'un type de valet haut en couleur et complaisamment développé, le *gracioso*. Or précisément, le Théâtre du Marais dispose d'un acteur français capable d'incarner les adaptations de ce type et de dominer les distributions comiques. C'est Jodelet. Héritier des libertés de la farce, enfariné, parlant du nez, il impose peu à peu son personnage aux auteurs comiques, qui créent des valets à son image et souvent à son nom. Il jouera encore avec Molière dans *les Précieuses Ridicules*.

En même temps qu'un rôle pour Jodelet, *le Menteur* est une adaptation très fidèle de *la Vérité suspecte* d'Alarcon. Cette comédie avait été publiée frauduleusement sous le nom de Lope de Vega, ce qui fait que Corneille l'en croit l'auteur. En tout cas, contrairement à ce qu'il avait fait pour *le Cid,* il ne prétend nullement à une invention originale et souligne au contraire la modestie de son apport avec une insistance exceptionnelle. « Ce n'est ici, dit-il, qu'une copie d'un excellent original »; « je pille » chez les Espagnols; c'est un « larcin », ou au moins un « emprunt »; « l'invention » ne lui appartient pas; la pièce est « en partie traduite, en partie imitée de l'espagnol ». Des formules si énergiques et si nombreuses sont rares au xviie siècle. Une lecture de l'original oblige à constater qu'en ce qui concerne le déroulement de l'intrigue, elles sont exactes. Corneille justifie sa fidélité par l'admiration sans bornes qu'il éprouve pour son modèle. Rien n'est comparable, dit-il, à l'invention de cette intrigue; elle est toute spirituelle, depuis le commencement jusqu'à la fin; les incidents en sont justes et gracieux; c'est une merveille de théâtre. Il faut bien dire que la postérité n'a pas ratifié l'enthousiasme de Corneille pour la pièce d'Alarcon. Un bon juge, comme Brunetière, trouve faible le sujet. Corneille a sans doute mis l'habileté, très réelle, de l'intrigue, au-dessus de la vérité humaine, et même théâtrale, de la pièce. Le mensonge, en effet, n'a rien de comique en lui-même, il n'est pas, dans *le Menteur,* un élément de critique sociale, et il n'introduit pas dans le personnage de dissociation ou d'approfondissement psychologique, puisqu'en Dorante le goût du mensonge ne s'oppose à rien. Cette pièce brillante est donc assez creuse. Si la critique française traditionnelle l'a mise au sommet de la production comique de Corneille, c'est probablement parce que les valeurs baroques de *la Place Royale* et de *l'Illusion comique* lui échappaient et aussi parce que, héritière de la conception exclusivement psychologique des comédies de Molière qui sévissait au xviiie et au xixe siècle, elle croyait trouver des valeurs comparables dans cette amusante comédie du mensonge.

Même si *le Menteur* n'est pas beaucoup plus qu'une excellente traduction, comme on les entendait alors, il est la continuation du projet styliste de *Pompée.* L'exercice de style s'applique au schéma d'Alarcon et lui donne tout le relief dont il est capable, en le francisant.

En ne changeant presque pas les événements, Corneille a fait preuve d'une habileté et d'un talent infinis dans le détail du texte. Les formules brillantes abondent, comme celle qui affirme que, pour la plupart des femmes, une plume au chapeau plaît mieux qu'à la main. Les tableaux de mœurs, fréquents et prestement enlevés, dressent un décor typiquement français : on discute la vertu des Parisiennes, le prestige respectif d'un étudiant en droit et d'un militaire, on admire les récents monuments de Paris, on sourit devant le manège d'une suivante acceptant des pourboires. La description du festin imaginaire organisé sur l'eau par Dorante est beaucoup moins gastronomique et bien plus décorative chez Corneille que dans Alarcon. Elle eut tant de succès, dit-on, que des dames demandèrent à leurs admirateurs de reproduire dans la réalité cette fête littéraire.

La bonne humeur d'un Corneille qui s'est pris au jeu de l'adaptation éclate aussi dans le traitement dramaturgique du *Menteur,* qui reste souple tout en étant régulier. Seul le personnage mineur d'Argante au début du cinquième acte porte atteinte à l'unité de l'action; Corneille le remplacera en 1660 par un autre qui intervenait dès le premier acte. Le temps ne dépasse pas vingt-quatre heures. Le lieu est Paris, mais Corneille précise, sans y être vraiment obligé, que le premier acte se passe aux Tuileries et les autres à la Place Royale. C'est dire que le plaisir de la variété se joint à celui de représenter des endroits élégants, et que la « règle » est sentie comme bien moins contraignante dans la comédie que dans la tragédie. La succession des scènes est rapide. Les vraisemblances, grâce à l'aplomb de Dorante, ne sont pas trop malmenées. On s'étonnera toutefois qu'Alcippe puisse croire qu'une jeune fille aussi surveillée que Clarice ait pu passer une nuit entière avec un inconnu. Les bienséances sont soigneusement observées. Le duel entre Dorante et Alcippe est épargné au spectateur, et rejeté dans un entr'acte. Les baisers que réclame Alcippe ne subsistent jusqu'en 1682 que parce qu'ils sont refusés; ce qui ne les empêche pas de susciter de la part de Voltaire un commentaire critique.

Le Menteur est un acte de prudence, non seulement par le soin avec lequel Corneille s'abrite derrière Alarcon, mais aussi par le fait que, loin d'innover, il s'appuie sur la reproduction de quelques traits des œuvres antérieures. Des voisines portent des noms qu'on a déjà entendus, ou cru entendre, dans *la Galerie du Palais* ou *la Suivante.* Tout comme dans *la Place Royale,* le décor exige deux maisons mitoyennes sur cette place, et un quiproquo fait prendre une des deux jeunes filles pour l'autre. La structure d'ensemble est comparable à celle de *l'Illusion comique* en ce que le mensonge se construit, grandit et triomphe pendant les deux premiers actes, puis connaît le déclin et la faillite, et également en ce qu'il faut souvent éclairer le mensonge par des commentaires ou par des incursions brusques de la réalité. Ce ne sont pas seulement les comédies qui sont mises à contribution. Les tragédies, parfois, sont discrètement parodiées. Le feint mariage de Dorante est annoncé sur le même ton que celui de Pauline dans *Polyeucte ;* Lucrèce répète un vers d'*Horace ;* Géronte surtout, sans doute égaré par la douleur, reproduit une menace du Vieil Horace quand il dit, avec fort peu de vraisemblance, qu'il tuera son fils, et retrouve les accents de Don Diègue pour déplorer les humiliantes conséquences de sa vieillesse. Cette comédie est l'envers d'une tragédie, parce que le mensonge est l'envers de la vertu d'un héros. Aussi bien les reproches de Géronte à son fils manifestent-ils douloureusement que le mensonge est une tare pour l'aristocratie.

Mais il est aussi, pour Dorante, un art, ou, si l'on préfère, un sport, dans la pratique duquel il fait des progrès au cours de la pièce. Au début, sa timidité devant les usages parisiens et la naïve imprudence avec laquelle il se trompe sur le nom de la plus belle des deux jeunes filles s'accordent mal avec sa hardiesse à mentir et avec l'intelligence dont témoignent ses mensonges, qui ne craignent pas de s'enrichir de précisions dangereuses. L'éventail de ses mensonges s'élargit. Les uns sont utilitaires, s'il s'agit d'inspirer de l'admiration à une jeune fille rencontrée par hasard ou de gagner du temps avec son père lui proposant un mariage qu'il refuse. Mais les autres sont purement gratuits. Dorante ment pour mystifier ses amis, pour acquérir du prestige à leurs yeux, pour faire une plaisanterie à son valet, pour jouer, pour montrer qu'il peut faire mieux qu'autrui, bref pour faire de la littérature.

Quelle qu'en soit la motivation, le mensonge de Dorante est toujours mis en scène avec soin par l'auteur dramatique. Le commentaire du valet Cliton, lors de la première rencontre avec Clarice, est nécessaire pour que le public sache que Dorante ment. Partout ailleurs, les jeux compliqués du mensonge et de la vérité sont présentés dans une parfaite clarté grâce à de nombreux apartés. Corneille, qui affirme ne pas aimer ce procédé, lui a pourtant consacré quelque soixante-dix vers du *Menteur.* Tous ne sont pas indispensables, et plusieurs ne se justifient que par la pure joie comique qu'ils procurent. Au-delà des nécessités de l'intrigue est perceptible une euphorie du mensonge, consubstantielle à Dorante et qui finit par constituer son être même. Cette étrange identification d'un homme à son mensonge trouve une illustration remarquable dans un roman de Cocteau, qui ne se savait pas continuateur de Corneille, intitulé *Thomas l'imposteur.* Comme Dorante, Thomas était profondément menteur. Il part pour la guerre et reçoit en pleine poitrine une balle ennemie. Il se dit : « Je suis perdu si je ne fais pas semblant d'être mort ». Mais en lui la vérité et le mensonge ne faisaient qu'un : Thomas est mort. Corneille eût aimé cette fable.

Le très grand succès du *Menteur* encouragea Corneille à donner une suite à sa comédie. Par un procédé alors nouveau, voyant et hardi, il l'intitula simplement *la Suite du Menteur*. Comme pour *le Menteur,* il la tira, sans doute assez rapidement, d'une adaptation fidèle d'une pièce espagnole. Il n'alla pas la chercher bien loin : *Aimer sans savoir qui* de Lope de Vega, dont *la Suite du Menteur* reproduit l'intrigue, se trouve, dans l'édition de 1630, dans le même volume que la comédie dont *le Menteur* est tiré. Corneille a simplifié et clarifié le texte touffu de Lope, et surtout il en a modifié l'équilibre, en atténuant les valeurs chevaleresques, indispensables pourtant à la justification des événements, et en développant les effets comiques, sans rendre pourtant parfaitement convaincante en Dorante la coexistence de sentiments d'honneur raffinés et d'une tendance à mentir qui n'a plus avec les faits le rapport naturel qu'elle avait dans *le Menteur*. L'entreprise assez étrange de forcer un sujet à exprimer autre chose que ce pour quoi il avait été conçu s'explique peut-être par la sorte de frustration que Corneille devait ressentir à l'égard de ce *Menteur* pour lequel il éprouvait une admiration sans bornes et qu'il regrettait tant de ne pas avoir inventé. L'incendie du Théâtre du Marais l'a sans doute également poussé à écrire une deuxième comédie du mensonge : afficher une *Suite du Menteur* était proclamer avec éclat que le théâtre continuait malgré le désastre, et il est bien possible que cette *Suite* ait fait la réouverture du Marais après sa reconstruction.

La Suite du Menteur entretient avec *le Menteur* des rapports nombreux, qui ne sont amusants et même perceptibles que pour qui connaît la première comédie. Étranger à la source espagnole, le début de la première scène raconte d'assez bizarres aventures pour expliquer que Dorante, au lieu de se marier comme il allait le faire à la fin du *Menteur,* disparaisse, perde son père mais retrouve son valet. Dans l'action inspirée de Lope et que Corneille situe à Lyon, l'ami et rival de Dorante s'appelle Philiste et vient explicitement du *Menteur,* qui ne lui connaît pourtant aucune attache lyonnaise; il avait fait ses études à Poitiers, mais son rôle restait mineur dans la première comédie, où il servait surtout de liaison. Le valet Cliton fait dans la *Suite* de nombreuses allusions à des épisodes du *Menteur* qu'il a vécus. Ce qui est plus significatif, et constitue une exploration du théâtre au deuxième degré, c'est que Cliton révèle à son maître qu'on a fait de leurs aventures une comédie intitulée *le Menteur,* qui se joue à Paris. L'art imite encore la nature à la fin de la deuxième comédie, dans le passage, supprimé en 1660, où Dorante explique comment on peut faire des événements qui viennent d'être retracés sur la scène une comédie qui sera précisément *la Suite du Menteur*. En même temps qu'un jeu, toujours ironique, sur les rapports de la réalité et de la fiction, ces aspects de la pièce sont un témoignage de l'intérêt constamment renouvelé de Corneille, et d'autant plus fort ici que ses deux dernières comédies ne sont que des adaptations, pour les problèmes dramaturgiques. De cet intérêt l'épître dédicatoire qui figure en tête de *la Suite du Menteur* marque une étape nouvelle. Jusque-là, les explications de Corneille étaient défensives, ou du moins circonstancielles. Maintenant, il s'interroge vraiment, et à loisir, sur les fondements du théâtre et aborde les problèmes généraux avec une volonté d'en définir la portée théorique qui s'épanouira dans les *Discours* de 1660.

Après *le Menteur,* une autre comédie antérieure a laissé sa marque sur *la Suite du Menteur;* c'est *l'Illusion comique.* Le personnage de Lise semble venu tout droit, avec son nom, sa malice et même sa situation, de cette dernière comédie. Comme la Lise de *l'Illusion,* le Philiste de la *Suite* dispose opportunément du concierge de la prison. Comme dans *l'Illusion,* chaque acte de la *Suite,* sauf le dernier, se termine par un passage d'explications et de commentaires entre deux personnages. Des souvenirs viennent aussi d'autres comédies de Corneille. Ainsi l'adversaire tué en duel s'appelle Florange, d'un nom déjà évoqué dans *la Veuve.*

Si Corneille a ainsi cherché à s'ancrer dans son passé plutôt qu'à innover, c'est sans doute parce qu'il sentait le danger de s'enfermer dans un sujet déjà traité par un autre pour d'autres fins et les inconvénients qui, pour la *Suite* plus que pour *le Menteur,* résultent de cette limitation. Le sujet de Lope fournissait en Espagne une agréable comédie de cape et d'épée. En France, il risque de faire trouver bien hardies et bien peu bienséantes les avances de Mélisse à un inconnu, autorisées par son frère en partie seulement. La suite des faits imaginés par Lope met en relief le point d'honneur, mais non le mensonge, qui n'est ici que généreux détour ou rappel peu utile. Pour rester fidèle à sa définition, Dorante ment quatre fois dans *la Suite du Menteur,* une fois à la fin de chacun des premiers actes; mais ses mensonges sont anodins, ne constituent plus, comme dans *le Menteur,* des inventions brillantes, n'influencent guère l'action et sont aussitôt suivis de leur dénonciation. A la fin du dernier acte, quand l'atmosphère comique est décidément oubliée, le mensonge n'a plus de place.

C'est donc ailleurs que Corneille a dû chercher les ressorts de sa comédie. Il n'a observé la régularité que d'assez loin. Si l'action ne dépasse pas vingt-quatre heures, le lieu oscille librement, et assez fréquemment, entre la maison de Mélisse et la prison. L'effort essentiel semble avoir porté sur le développement du rôle de Cliton. Le succès de Jodelet dans *le Menteur* a poussé Corneille à lui donner dans la *Suite* une part beaucoup plus importante que celle de son homologue espagnol. Cliton est ici plus dynamique, plus fortement typé et plus prompt à intervenir que dans *le Menteur*. Mais il ne peut être, par rapport à l'intrigue imaginée par Lope, qu'un commentateur. C'est sans doute pourquoi la pièce, à sa création, eut peu de succès. Une reprise, quelques années plus tard, fut pour Jodelet un triomphe personnel, mais ne rendit pas Corneille plus indulgent pour son œuvre. Au vrai, le cœur n'y était plus, et c'est bien pourquoi les modèles espagnols suppléent à l'invention véritable. Tout entier tourné désormais vers l'exploration du tragique, Corneille n'écrira plus de comédies.

Il revient à la tragédie avec *Rodogune, princesse des Parthes,* jouée sans doute au cours de l'année 1645. La pièce est complexe et son neveu Fontenelle dira qu'il fut plus d'un an à en disposer le sujet. Mais il n'est pas impossible que la genèse de cette tragédie soit contemporaine de celle de *la Suite du Menteur* et que Corneille ait mené les deux pièces de front pendant les longs mois où les réparations consécutives à l'incendie du Marais le privaient de théâtre. La pièce suivante, la « tragédie chrétienne » de *Théodore, vierge et martyre* pourrait alors avoir été créée vers les débuts de 1646. Mais l'ordre de publication de ces deux tragédies est inverse de celui des représentations. Conformément à l'usage du temps, *Théodore,* n'ayant pas réussi, a été publiée assez vite, mais *Rodogune* a attendu jusqu'au début de 1647, probablement parce qu'elle a remporté un grand succès. Après le Marais, et sans doute l'Hôtel de Bourgogne, la troupe de Molière la jouera souvent, et de fréquentes représentations en seront encore données au XVIIIe siècle.

Le sujet de *Rodogune* est tiré des historiens antiques du Proche Orient. L'action se situe en Syrie, vers 140 avant Jésus-Christ. Rome n'y joue aucun rôle. La toile de fond historique est fournie par les rapports de la Syrie avec ses ennemis de l'Est, les Parthes, et son protecteur du Sud, l'Égypte. Selon les occasions, ces rapports prennent la forme de guerres, de mariages ou de trahisons. Touffus, colorés, féconds en meurtres, les récits des historiens dans ce domaine pouvaient fournir matière à vingt tragédies. Corneille y a pris essentiellement ce qui concerne la rivalité de Rodogune, sœur du roi des Parthes et d'une Cléopâtre, reine égyptienne de Syrie, qui voulut tuer successivement ses deux fils, Séleucus et Antiochus; mais elle dut boire elle-même le poison destiné à ce dernier. Les noms d'autres personnages, au reste secondaires, purent être donnés à Corneille par la simple lecture d'une carte de la Syrie antique : dans la même région, une ville s'appelle Laodicea, et Oronte est un fleuve.

Comme toujours, l'histoire apporte à la fois trop et trop peu. Corneille n'a en réalité utilisé qu'une petite partie, quelques lignes seulement, des historiens qu'il a lus, mais il a su discerner dans l'interminable dédale de violences et de crimes qu'ils rapportent un mécanisme de nature tragique. Et il a surtout inventé à partir de ce matériel, au point que le sujet peut lui paraître avoir été véritablement créé par lui. Avec un enthousiasme exceptionnel chez un homme habituellement fort sévère pour lui-même, il énumère dans l'*Examen* les nombreuses qualités qu'il reconnaît à la pièce, et parmi celles-ci la « beauté du sujet » vient en tête. En homme de théâtre, il a su voir tout de suite, dans le fatras des histoires, la puissante situation dramatique qui fera son cinquième acte, et son travail va consister à construire une intrigue qui la justifie. Rodogune, dans l'histoire, avait épousé Nicanor, jadis mari de Cléopâtre, mais qui avait été fait prisonnier chez les Parthes. La haine de Cléopâtre pour elle était sans relation avec sa défiance de ses enfants, qu'elle voulait éliminer pour conserver le pouvoir. Pour établir cette relation, qui portera au paroxysme la fureur de Cléopâtre, Corneille imagine que ses deux fils aiment Rodogune; et pour respecter les bienséances, celle-ci n'a été que la fiancée de Nicanor. L'histoire disait encore que Séleucus était l'aîné des deux fils; c'est pour cette raison que Cléopâtre le tuait le premier. En faisant des deux frères des jumeaux, Corneille permet à Cléopâtre les marchandages et les chantages par lesquels elle neutralise ses fils l'un par l'autre. A leur tour, ces fils réagissent contre les criminels desseins de leur mère par leur affection mutuelle, et Rodogune réagit en employant contre son ennemie les mêmes armes qu'elle.

Le sujet tout entier s'inscrit ainsi dans un principe de symétrie. Il y a symétrie entre le thème romanesque (parce qu'il n'est jamais suivi d'effet) de l'offre de mourir et le thème cynique de l'offre de tuer. Comme Rodrigue dans *le Cid*, Antiochus offre à trois reprises à celles qu'il aime, sa mère ou Rodogune, de se laisser tuer par elles. Et Cléopâtre puis Rodogune offrent la récompense suprême, c'est-à-dire le trône et la main de Rodogune à celui des deux frères qui tuera son ennemie. Il y a symétrie entre les deux frères, qui ont toujours mêmes idées, mêmes sentiments et mêmes réactions. Mais ils ne peuvent rester dans cette indifférenciation, puisqu'ils n'épouseront pas tous deux Rodogune. Il faut donc que la princesse aime l'un des deux; elle choisit Antiochus parce qu'il ressemble à son père Nicanor, à qui elle fut naguère fiancée; le cercle reste aussi étroit que possible. Il y a enfin symétrie, sur un plan, non moral, mais dramaturgique, entre Cléopâtre et Rodogune. Pour lutter contre la reine, la princesse doit se faire semblable à elle. Séleucus surtout est sensible à cette influence néfaste de la situation; dès lors, tout effort pour agir devient sans objet; mettant sur le même plan sa mère et Rodogune, Séleucus est immanquablement conduit à abandonner la partie. Ce même parallélisme inquiétant, bien qu'injuste, entre les deux femmes, est le ressort de la confrontation tragique du dernier acte. Si le spectateur sait qui est coupable, Antiochus l'ignore, et il sera jusqu'à la fin victime de la symétrie.

Les unités sont dans *Rodogune* respectées sans effort. Tout au plus peut-on remarquer, après Corneille, que les camps des deux ennemies peuvent suggérer, si l'on ne veut pas qu'ils occupent le même espace, une pluralité de lieux particuliers, que la pièce ne propose d'ailleurs qu'avec souplesse et discrétion. La cérémonie finale est celle du couronnement, mais le mariage lui-même aura lieu ailleurs, dans un « temple », sans doute afin de ne pas mêler un prêtre, même païen, à ces affaires de poisons. Mais la valeur de la pièce vient moins de sa régularité, qui à cette date n'est plus une innovation, que de sa puissance. Celle-ci repose sur le terrible sujet, sur la situation, qui commande et détermine les réactions des personnages et leur être même. Au départ, rien n'est moins psychologique que *Rodogune*. A l'inverse de ce que proposera le théâtre de Racine, les personnages sont lucides et les confidents aveugles. C'est que la prédominance de l'action sur la passion est ici absolue.

De ce fait essentiel découlent plusieurs conséquences. D'abord, le présent est si tendu qu'il dévalorise le passé, et tous les faits historiques que Corneille a cru devoir rappeler dans des récits risquent de faire figure de poids inutile. Ils gonflent à l'excès le premier acte, qui est le plus long de toutes les tragédies cornéliennes jusque-là. Les narrations de Laonice, bien qu'elles évoquent des figures de chefs énergiques, ont paru lassantes à l'abbé d'Aubignac et sans doute à bien d'autres. Il n'était pas indispensable d'y apprendre que Cléopâtre avait épousé un autre Antiochus ni que Rodogune projetait d'épouser Nicanor, puisque, de cette double bigamie, les conjoints surnuméraires sont morts quand l'action commence. Corneille a cru que ce surprenant récit d'actions horribles serait une bonne introduction pour le sommet d'horreur que va présenter la pièce.

D'autre part, l'action elle-même est découpée, en fonction des actes, en éléments d'intensité croissante. La proposition de Cléopâtre domine le deuxième acte, celle de Rodogune, plus étonnante encore, le troisième. Au quatrième acte, les véritables intentions des personnages sont si clairement distinguées, pour le spectateur, de leurs discours que Corneille peut, comme il l'avait fait dès *la Veuve*, laisser resplendir sans commentaires le mensonge théâtral. Il est ici tragique, par les menaces que la reine adresse à Antiochus, puis à Séleucus. Enfin, toutes les menaces se rejoignent au cinquième acte, qui est le sommet de l'édifice. Soigneusement répartie, la progression de l'intérêt est telle que chaque acte est plus dramatique que le précédent, jusqu'au dernier qui dépasse tous les autres sans les faire oublier.

Ce dénouement tant admiré tire d'abord sa force de ce que son cadre, mis en place dès le début de la pièce, est inéluctable; la cérémonie, sinon ce qui va s'y passer, est prévue pour le « jour pompeux » qu'annonce le premier vers. Dans ce cadre, deux meurtres sont progressivement donnés à comprendre aux personnages : celui de Séleucus, qui a eu lieu dans l'entr'acte précédent, et celui d'Antiochus que menace le poison et qui sera finalement évité. Le premier, contrairement à l'usage, n'est pas immédiatement révélé par le personnage qui en apporte la nouvelle : Timagène distille ses révélations. Le second n'est pas seulement matérialisé par un objet, la coupe empoisonnée; il est aussi intériorisé, en ce qu'Antiochus se demande jusqu'à la fin qui est la vraie coupable. Pour le savoir, il faut une sorte de procès, renouvelé de celui d'*Horace*. Mais, les idées et les choses s'accélérant mutuellement, l'échange des raisons est suivi par l'intervention dramatique et efficace de la coupe, qui permet de décrire l'agonie de Cléopâtre avec un réalisme exceptionnel au XVIIe siècle.

Enfin, partout dans cette tragédie, la violence des affrontements est telle qu'il reste aux personnages, à côté de leurs scènes de luttes, assez de force pour exhaler encore leurs sentiments tumultueux en de nombreux et abondants monologues. Leur longueur totale atteint presque deux cents vers. Encore les confidents permettent-ils parfois des réflexions qui ne sont guère que des monologues déguisés.

Cette ingénieuse construction dramatique entraîne parfois des sacrifices, car on ne saurait gagner sur tous les tableaux. Ce qui est sacrifié à la puissance émotive, c'est souvent la vraisemblance. Voltaire, dans ses commentaires sur le théâtre de Corneille, l'a souligné à plusieurs reprises. Cléopâtre pouvait faire tuer Rodogune par d'autres que par ses fils. Elle n'a rien prévu pour le cas où sa proposition serait refusée par tous deux, comme elle l'est, ou acceptée par tous deux. Les circonstances du meurtre de Séleucus posent des problèmes sur lesquels une froide enquête se serait interrogée et que la pièce ne résout pas. Mais, entraîné par l'action et par l'émotion qu'elle dégage, le spectateur de bonne foi ne voit pas ces difficultés.

Comme l'action, les personnages de *Rodogune* sont d'une forte originalité. La tragédie est dominée par la terrible figure de Cléopâtre. Chez cette reine vieillissante, la passion du pouvoir a tué tout sentiment humain. Ni femme, ni mère, elle n'est plus qu'une implacable machine à régner. Elle sait qu'elle ne peut y parvenir qu'en divisant, et elle joue toujours quelqu'un contre quelqu'un. Elle fait de la rhétorique l'usage dramatique le plus perfide et atteint, par exemple, le sublime de la fabulation lorsqu'elle affirme que c'est Rodogune qui a tué Nicanor par sa main. Elle tente de provoquer une guerre civile entre ses fils pour les neutraliser l'un par l'autre. Elle dépasse de loin, par sa hardiesse intrépide, la conception aristotélicienne du personnage tragique, et est, dans la galerie des « scélérats » du XVIIe siècle, une des créations les plus grandioses de notre théâtre.

En contraste marqué avec elle, ses deux fils attachent l'intérêt par le charme de la jeunesse, la droiture du cœur, la pureté de leur affection réciproque. A la différence de Racine, chez qui les frères, quand ils existent, se détestent, Corneille, très attaché en particulier à son frère Thomas, aimait la relation fraternelle elle-même. On peut relever dans ses trente-deux pièces vingt couples de frères ou sœurs, presque toujours tendrement unis.

Le personnage de Rodogune est le plus difficile à comprendre, et les critiques divergent considérablement à son sujet. Il est malaisé de concilier la timide et craintive jeune fille présentée au début de la pièce avec celle qui sait retourner les armes de son ennemie contre elle avec une égale implacabilité. Mais précisément, la situation a changé, et provoque en elle cette métamorphose. La démarche des deux princes lui confère une initiative qu'elle n'avait pas auparavant, et elle comprend, à l'instant même, que c'est là, et là seulement, qu'elle peut trouver l'arme dont Oronte venait de lui montrer la nécessité. Quant à savoir si elle est sincère dans sa menace, la question, à laquelle Corneille répond par la négative, est dépassée par l'urgence. Rodogune n'a pas le choix. Certes, elle peut souhaiter un double refus des jeunes gens, et elle l'approuve quand elle le reçoit. Mais chacun, comme dans *le Cid*, a fait ce qu'il devait faire.

Le mythe qui unifie ces différents fils de l'intrigue a déjà été traité par Corneille : c'est celui de Médée. Comme l'héroïne de la première tragédie cornélienne, Cléopâtre veut tuer ses enfants. Mais, cherchant un tragique plus intense, Corneille soutient son action par un autre mythe, aussi célèbre, aussi terrible, mais plus caché. Cléopâtre a tué naguère son mari Nicanor, père de ses enfants. En poussant ceux-ci à tuer leur mère, Rodogune ne fait que leur réserver le rôle d'Oreste, vengeant sur Clytemnestre le meurtre d'Agamemnon. Cet affreux devoir n'est pas reconnu comme tel, et n'est même pas évoqué, par la tragédie : Corneille est moins hardi qu'Eschyle. Il n'en reste pas moins que le passage de la situation de Médée à celle d'Oreste donne à *Rodogune* une force singulière. C'est peut-être pour cette raison que Corneille déclare préférer cette tragédie à toutes ses autres œuvres.

La richesse, et surtout la rigueur, de l'idéologie ne sont pas dans *Rodogune* à la hauteur de la virtuosité dramaturgique. La pénétration politique n'est pas en cause. Par exemple, l'analyse de la situation que donne Oronte au troisième acte est d'une lucidité admirable. Mais ailleurs, la morale des œuvres héroïques est contestée ou absente. Lorsque les deux frères déclarent préférer au trône l'amour de Rodogune, ils oublient les devoirs de quiconque est appelé à régner. Le Titus de Racine dira expressément le contraire. A Polyeucte mourant qui appelait les bénédictions du Ciel sur ceux qu'il aimait s'oppose exactement la furie de Cléopâtre mourante, qui ne transmet que des malédictions. C'est que la notion de grandeur d'âme, centrale dans l'éthique aristocratique du siècle, commence à subir une inversion. Elle était adhérence héroïque à un projet moral, elle conserve l'énergie, mais devient indifférente au contenu, qui peut fort bien être immoral sans cesser d'être dramatiquement admirable. Ainsi Cléopâtre est la première grande héroïne du mal. Ce n'est pas par hasard qu'elle apparaît sous un gouvernement faible et discuté, qui bientôt faillira être englouti dans la Fronde. Comme dans toutes les périodes pré-révolutionnaires, la notion de justice chancelle. *Rodogune* inaugure une trilogie exceptionnellement noire, qui va se continuer dans les années suivantes avec *Théodore* et *Héraclius*.

Ce n'est pas seulement dans la chronologie des représentations que *Théodore* succède à *Rodogune*; c'est aussi par plusieurs aspects de son sujet. Nous sommes toujours en Syrie, dont la capitale est maintenant Antioche, et non plus Séleucie. La Syrie est devenue province romaine, mais la puissance de Rome ne s'y manifeste pas de manière immédiate. La grande voisine, l'Égypte, est toujours terre de refuge. Mais plus de quatre siècles ont passé. L'action se situe à la fin du règne de Dioclétien, dans les premières années du quatrième siècle, en pleine persécution des chrétiens. Instruit par l'expérience de *Rodogune,* Corneille a évité les explications historiques complexes : l'histoire ne lui sert qu'à justifier, sans les préciser outre mesure, les données simples qui sont indispensables à l'exposition. Il s'est borné à faire descendre Théodore de la dynastie royale des Antiochus qui régna sur la Syrie depuis le troisième siècle avant Jésus-Christ et à laquelle appartenaient les princes de *Rodogune.* Dans ce cadre syrien, l'Égypte n'est qu'un mythe. Placide, qui en est nommé gouverneur mais n'échappera pas aux intrigues syriennes, croit qu'une fois là-bas tout s'arrangera et que son bonheur sera à l'abri : il ignore que dans le type de tragédie dominé par les unités il est impossible de sortir du lieu tragique.

Théodore, comme *Rodogune,* respecte, avec celle de lieu, les autres unités. La « duplicité de péril » que suggère à demi l'*Examen* peut aisément être ramenée à l'unité par la considération des vraisemblances.

Échappée au lieu de prostitution, Théodore ne peut néanmoins espérer échapper longtemps à la police qui la recherche; ne voulant ni ne pouvant épouser personne, et en particulier pas Placide qui serait son meilleur appui, elle ne peut être protégée par personne et n'a donc rien d'autre à faire, même indépendamment de son aspiration au martyre, que de se remettre entre les mains du pouvoir. Le seul regret qu'on puisse formuler au sujet de cette action chrétienne est qu'elle est bien lente à se déclarer chrétienne : l'appartenance de Théodore à la religion proscrite n'est connue, et encore à titre d'hypothèse, qu'après plus de trois cents vers, et son vœu de virginité qu'après plus de huit cents. Ce dernier est d'ailleurs décevant sur le plan dramaturgique : le spectateur a été amené à penser que la jeune fille pourrait entrer véritablement dans le jeu des couples, lorsqu'il apprend qu'elle a décidé de n'être à personne.

Théodore et *Polyeucte* sont les deux seules tragédies chrétiennes que Corneille ait écrites, et il est normal qu'il y ait entre elles des ressemblances de structure. Toutes deux sont orientées vers le martyre. Dans toutes deux, le pouvoir local s'appuie sur un favori de l'Empereur, ici Marcellin, là Sévère. Dans toutes deux, la principale héroïne lutte contre l'attirance sensuelle qu'elle éprouve au nom d'un devoir, constitué pour Pauline par les liens du mariage, pour Théodore par son vœu de virginité. Mais les différences sont également importantes. Marcelle est autrement terrible que Sévère. Alors que Félix agissait, Valens ne fait rien; du moins sa seule initiative, la condamnation de Théodore à la prostitution, n'est-elle pas suivie d'effet. Le principal personnage chrétien de la nouvelle tragédie est privé du ressort qui rendait *Polyeucte* émouvant : il n'est pas marié, et ne peut pas l'être. Surtout, *Théodore* ne présente aucune conversion au christianisme : les jeux y sont déjà faits.

C'est que le christianisme, dont l'introduction dans *Polyeucte* avait été fort critiquée par le public mondain, joue ici un rôle beaucoup moins important. Il est pour ceux qui le professent un danger dans une société qui proscrit les chrétiens. Il n'est donc qu'un obstacle de nature sociale, tel que pourront le présenter des romans comme *Atala* ou *la Porte étroite*. Il est presque toujours vu de l'extérieur. Il n'est guère, sauf dans les rapports fraternels entre Théodore et Didyme, vécu dans son intériorité comme il l'était par les chrétiens de *Polyeucte*. Pour les personnages de *Théodore*, même les rapports avec Dieu sont à sens unique. A trois reprises, Dieu envoie à Théodore des inspirations opportunes pour l'action : il l'autorise à se tuer, la persuade de fuir, puis de revenir. Mais la communication inverse n'a pas lieu : l'invocation, la prière, ou même simplement la méditation, sont inconnues aux chrétiens de *Théodore*, sans doute trop pressés par l'urgence du drame.

De là résulte dans le personnage de la jeune fille une froideur que reconnaît Corneille dans son *Examen*. La raison en est moins le christianisme, qui ne refroidissait pas *Polyeucte,* que la promesse de virginité. Par elle, Corneille rend hommage au rêve impossible de la tragédie sans amour, qui naît dans son œuvre avec *la Mort de Pompée* et qui tentera encore Voltaire.

Superficiellement chrétienne, *Théodore* est une tragédie fondamentalement violente. Poussée à un paroxysme rarement atteint dans le théâtre français, la violence rend parfois contestable le réalisme psychologique, mais constitue, plus encore que dans *Rodogune,* le ressort essentiel d'un puissant intérêt dramatique. Parce qu'ils brûlent de s'affronter sans cesse, les personnages n'ont pratiquement pas le temps de s'interroger dans des monologues. Le schéma dramatique qui les rive les uns aux autres est celui du pouvoir impuissant, qui sera celui de Racine. Comme Pyrrhus, comme Néron, comme Roxane, Marcelle dispose du pouvoir matériel sur un personnage qui en aime passionnément un autre; elle peut faire mourir cet autre, mais alors celui qu'elle tient en sa puissance se tournera définitivement contre elle. Situation ne comportant aucune solution, et tragique par là même. Situation propice aux perfidies comme aux insolences. Ce sont ces dernières que privilégie Corneille. Celle de Marcelle surtout est d'une extrême âpreté; elle menace de mort, Valens de prostitution, ce qui n'est pas davantage acceptable, et à ces périls le bouillant Placide, le bien mal nommé, répond par une fureur pareille. Les affrontements, introduits dès la deuxième scène, sont d'une démesure brillante, mais, n'étant point fondés sur une politique, ne modifient pas le rapport des forces. L'insolence de Placide a pour seul résultat de pousser imprudemment Marcelle à l'action.

On ne se plaindra pas non plus que le dénouement manque de vigueur, ni de rapidité. Il est contenu tout entier dans les deux dernières scènes, qui sont très courtes. Les morts y sont nombreux. Flavie, si elle se bornait à succomber à la suite d'une longue maladie, ne fournirait qu'un dénouement arbitraire ne dépendant pas vraiment de l'action de la pièce; mais il est précisé que la cause immédiate de sa mort est l'émotion que lui a donnée la nouvelle de la fuite de Théodore. Celle-ci et Didyme sont tués par Marcelle, qui se suicide peu après. Placide tente d'en faire autant, et apparaît à la fin tout sanglant et mourant. Au total, cinq victimes. *Bajazet*, autre drame du pouvoir impuissant, se terminera de même sur ce que Madame de Sévigné appellera une « grande tuerie ». Celle de *Théodore* est rehaussée par un véritable sadisme.

Loin d'être aveugle, cette violence est aussi une leçon de politique, mais c'est une leçon négative. On y voit, non ce que d'habiles gens auraient fait, mais ce qu'il convient d'éviter. La première faute politique est de mentir, et de mentir mal. Valens la commet au moins deux fois; sa démarche constante, depuis le moment où il suggère le supplice de la prostitution jusqu'à ses dernières analyses de la situation quand il est dépassé par les initiatives de sa femme, est de demander ce qu'il ne veut pas obtenir; elle ne le mène qu'à des catastrophes. Il commet au deuxième acte une deuxième faute, qui est de sous-estimer l'adversaire; le plan qu'il expose à Paulin est plausible, sauf sur un point essentiel : Théodore n'abjurera pas le christianisme. Les deux derniers types de fautes politiques sont communs à Valens et à Placide. D'une part, le père et le fils ont la patience d'écouter d'assez longs récits ou de discuter alors que des situations confuses et menaçantes devraient les appeler à bondir ailleurs, là où ils pourraient agir; ils ne sont pas à l'endroit où ils devraient être. D'autre part, ils ont tendance, ce qui est la faute politique par excellence, à ne rien faire; sans appuis véritables, sans desseins, ils assistent passivement aux initiatives d'autrui. Au moment décisif où Marcelle agit, Valens décide, ce qui est assez souvent l'attitude des gouvernements, de ne rien décider.

La matière de l'action est fort abondante dans *Théodore*. Elle admet même des thèmes romanesques qui appartiennent plutôt à la tragicomédie, celui de la magie, celui du déguisement et de l'évasion. Elle s'organise avec beaucoup d'énergie à partir des retournements qui constituent les péripéties. Quand Théodore se déclare chrétienne, deux solutions sont possibles, le compromis ou la répression. La première serait atteinte si, laissant le temps faire son œuvre, on s'apercevait qu'il est impensable, sous Dioclétien, qu'un homme gouvernant l'Égypte au nom de Rome épouse une chrétienne; dès lors menaces, violences et meurtres deviendraient inutiles; Placide serait triste, mais finirait peut-être par accepter d'épouser Flavie, puisque Marcelle, responsable de la mort ou de la prostitution de Théodore, ne le serait en rien de son christianisme. Percevant peut-être vaguement cette évolution, Placide se jette aux pieds de Marcelle à la fin du troisième acte, et les deux ennemis semblent s'accorder provisoirement sur un pacte de non-agression. L'acte suivant montre que cette réconciliation n'était de la part de Marcelle qu'un subterfuge pour gagner du temps et empêcher Placide de soustraire Théodore au lieu infâme; le mensonge de Marcelle aurait pu être une politique meilleure que la guerre; mais il n'était qu'une ruse de guerre.

Seules donc restent ouvertes les solutions violentes. Placide et Théodore ont du mal à s'accorder sur ce qui serait acceptable pour tous deux. Ils n'appartiennent pas au même milieu, ils n'ont pas la même idéologie, ils sont beaucoup plus loin l'un de l'autre que n'étaient

Rodrigue et Chimène; ce que dit chacun d'eux doit être refusé par l'autre. Par exemple, que Placide tue Théodore pour lui épargner l'infamie serait à ce moment de l'action un dénouement moralement compréhensible, mais dramatiquement choquant; du moins Placide le refuse. Puisqu'ils n'imaginent rien, l'initiative passe aux autres, et les péripéties s'enchaînent avec rapidité. L'évasion de Théodore déclenche la chasse au chrétien, la révolte armée de Placide, et bientôt, toujours faute d'une meilleure solution, le retour de la jeune fille au palais du gouverneur. Enfin, la mort de Flavie entraîne le dénouement; sa vie était le seul motif qui retenait les fureurs de Marcelle; dès qu'elle meurt, tous sont condamnés.

Cette étrange et puissante tragédie semble avoir choqué, à cause de son sujet, le public parisien. Son échec est peut-être dû aux milieux religieux qui, plus tard, tenteront de torpiller *Tartuffe* et *Dom Juan*. Par contre, elle réussit en province, et a été admirée par plusieurs bons critiques, que le souci des bienséances n'aveuglait pas.

La tragédie d'*Héraclius, empereur d'Orient,* créée sans doute en janvier 1647, surpasse de beaucoup les précédentes en complexité, mais les continue par la violence sans scrupules de ses personnages ainsi que par plusieurs aspects de son sujet. L'énigme de la naissance des deux héros fait, comme pour les jumeaux de *Rodogune,* le fondement de l'intrigue. Léontine, qui a prouvé jadis son énergie en sacrifiant son propre fils, hérite de la volonté de puissance et du machiavélisme de Cléopâtre et de Marcelle, mais en les mettant au service d'un but vertueux. Pulchérie est aussi insolente que Marcelle, mais mieux justifiée politiquement, puisqu'elle s'appuie sur le sentiment populaire. Il n'est pas jusqu'au personnage secondaire d'Amintas qui ne porte le nom d'un figurant muet de *Théodore.* Comme dans *Théodore* enfin, le christianisme est évoqué, mais de manière bien plus discrète, car il a triomphé. L'action est située à Byzance au septième siècle, donc bien après la fin de l'histoire de l'empire romain proprement dit, et l'on y parle parfois d'un Dieu qui est celui des chrétiens mais n'intervient pas dans les événements.

Corneille, comme il le précise dès l'avis *Au lecteur,* a transformé d'une manière considérable les faits qu'il a trouvés dans ses sources historiques. Il a bouleversé dates et filiations pour les rendre conformes à son propos, et surtout il a inventé l'essentiel. Dans l'ivresse que lui donnait cette liberté, il a laissé jouer à plein son génie de la combinaison et a établi sa pièce sur des données extrêmement compliquées, qu'il est pourtant indispensable de maîtriser si l'on veut comprendre le cours des événements. La tragédie repose sur une double substitution d'enfants, qui rend trompeuses les identités de trois personnes : Léonce, fils de Léontine, Martian, fils de l'usurpateur Phocas et Héraclius, fils de l'empereur Maurice. Léontine, responsable de toutes les substitutions, a mis Léonce, encore au berceau, à la place d'Héraclius que le tyran voulait faire mourir, et Léonce a été tué. Elle a mis Héraclius à la place de Martian, et il a été élevé par elle en passant pour le fils de Phocas. Elle a mis Martian à la place de Léonce et l'a élevé comme son propre fils. C'est donc une permutation circulaire à trois termes jusqu'à la mort de Léonce, et ensuite à deux.

La double substitution s'est faite en deux temps. Dans le premier, Léonce et Héraclius permutent leurs fonctions, et l'empereur Maurice, qui vivait encore, atteste cette permutation par un billet qui sera lu au deuxième acte de la tragédie. Dans un deuxième temps, Phocas, pour récompenser Léontine de sa prétendue dénonciation d'Héraclius, la charge d'élever son fils Martian, encore très jeune, et elle intervertit Martian avec le faux Léonce, c'est-à-dire avec Héraclius. Elle est le seul personnage de la pièce à connaître cette seconde substitution. Par contre, le public connaît les vraies identités de tous les personnages dès le début du deuxième acte. Ainsi sont mis en place les ressorts de la machine infernale, qui fonctionnera dès lors avec une implacable logique. Ils ne paraissaient pas exagérément compliqués au public du xvııe siècle, qui ne jouissait pas, comme nous, des charmes de la littérature policière.

De cette complication, peu admissible aujourd'hui, découlent toutes les caractéristiques principales de la pièce. Sa régularité d'abord. Inventant librement, sans avoir à se conformer à un modèle, Corneille n'a pas eu de peine à respecter les unités comme il le voulait. Il précise dans l'*Examen* que celle de lieu doit être entendue avec une certaine « indulgence », puisqu'elle englobe, si l'on y regarde de près, plusieurs pièces distinctes dans l'enceinte d'un même palais, et qu'il en sera de même pour la plupart des pièces suivantes; à son exemple, je me dispenserai de répéter cette précision. Surtout, *Héraclius* est moins une pièce d'action qu'une pièce d'exploitation de la situation. Son auteur s'est donné beaucoup de mal pour construire une situation étonnante, riche, posant à tous les personnages des problèmes presque insolubles. Il serait dommage d'abîmer une si belle situation en la faisant évoluer, en la modifiant par des actions qui la gâcheraient. Corneille la détaille, la montre sous toutes ses faces, en tire toutes les conséquences, même les absurdes, même les révoltantes; surtout les révoltantes. Ailleurs, l'action marche, se transforme en une autre, donne naissance à de nouveaux problèmes. Rien de tel ici. La situation d'*Héraclius* ne change pas avant le dénouement ; elle est constamment sujet d'enseignement et d'édification dramatiques. Une telle forme de théâtre est aussi rare que dangereuse. Pour la réaliser, la complication, loin d'être évitée, doit être recherchée. Le thème de la substitution d'enfants la fournit d'abondance. Les prédécesseurs de Corneille n'avaient employé ce thème qu'avec précaution, de façon accessoire, surtout pour justifier des dénouements. Corneille ose faire rouler sur lui une pièce entière. Il ne recommencera d'ailleurs pas cette expérience sur les limites de la tragédie.

Si les seuls événements sont les dévoilements progressifs d'une situation inchangée, les péripéties qui semblent jalonner la pièce ne seront que des révélations partielles, et non des actions vraiment nouvelles. Au troisième acte, Martian dit à Phocas qu'il est Héraclius, ce qui est d'ailleurs faux. Au quatrième, Héraclius prend à son compte la même proclamation, Léontine refuse de dire son secret à Phocas, Exupère révèle qu'il est un faux traître, et Léontine refuse néanmoins de lui dire la vérité ; il n'y a dans tout cela que des transmissions ou des refus d'information, par lesquels la réalité n'est en rien modifiée. Au cinquième acte, les hypothèses les plus étonnantes sont présentées sur ce que l'action pourrait devenir si l'on suivait telle ou telle direction. Mais il ne se passe rien de plus que dans une partie d'échecs où un joueur envisage vingt développements possibles avant de jouer un seul coup. Enfin, Exupère tue Phocas, et c'est une vraie péripétie ; mais à ce moment, la pièce est finie. Si l'on se demande quel rôle actif y ont joué les autres personnages, on s'aperçoit qu'ils n'ont strictement rien fait. Phocas est un tyran, mais un tyran ligoté par ses ignorances. Pulchérie, à l'approche du dénouement, conseille encore aux deux princes de ne pas agir. Léontine, qui est pourtant seule à posséder tous les éléments du drame, est tout aussi oisive. Elle remarque à la fin du deuxième acte qu'en croyant tout faire elle ne fait rien. Telle est en effet la destinée du personnage dans les pièces dont l'intrigue est trop chargée. C'est ce que démontrera, par exemple, le Mariage de Figaro de Beaumarchais.

Et d'ailleurs, que feraient-ils, ces personnages ? Ils sont pris dans un tissu si bien ourdi que tout mouvement leur est impossible. La situation les somme d'exercer un choix entre deux partis qui sont toujours également inacceptables. Pulchérie accepterait Martian ou le trône, alors que Phocas veut lui imposer les deux ensemble. Quoi que dise Léontine, elle a tant trompé Phocas qu'il serait aussi peu justifié de la croire que de ne pas la croire. Mais c'est Phocas qui est la victime la plus dramatique de ce dilemme, quand, en présence des deux princes dont l'un est son fils et l'autre son ennemi mortel, il ne sait, par ignorance de leur identité, sur lequel laisser choir sa fureur. Toute la pièce est construite en vue de ces choix impossibles.

Elle permet aussi d'exposer des thèmes qui passionnaient le public du temps, puisqu'on les retrouve fréquemment dans la littérature. C'est ainsi qu'*Héraclius* est un hymne à la légitimité. On y voit qu'après vingt ans d'usurpation du trône, le peuple a conservé le souvenir et l'amour de son souverain légitime. Toutefois, le sentiment monarchique ne s'appuie sur le peuple qu'avec une prudence digne d'être notée : Héraclius triomphe, non par une révolte populaire, mais par une conspiration d'aristocrates. Le danger d'inceste, conséquence habituelle des substitutions d'enfants, est discrètement savouré avant d'être raisonnablement écarté. La voix du sang, à défaut de preuves objectives, parle; elle trompe le tyran, mais ne trompe pas l'honnête Martian.

Pour obtenir tous ces effets, dont la combinatoire dramatique ne peut que se réjouir, il a fallu qu'*Héraclius* fasse des sacrifices. Celui de l'intelligibilité aisée est certain. Celui du sentiment ne l'est peut-être pas moins. Devant leurs ardus problèmes, les personnages ont beau être passionnément intéressés et intéressants, ils ne provoquent sans doute pas d'émotion autre qu'intellectuelle. Le dernier sacrifice ne serait-il pas celui de la vérité? Après la comédie de *l'Illusion comique* et montrant comme elle que l'art est bien supérieur à la nature, *Héraclius* mériterait le sous-titre d'*Illusion tragique*.

Une telle pièce est pour son auteur un choc. D'avoir écrit une œuvre chargée à ce point d'angoisse intellectuelle, Corneille est resté marqué. On pourrait lui appliquer, avec les différences qui s'imposent, la phrase de Barbey d'Aurevilly sur *A rebours* de Huysmans : « Après un tel livre, il ne reste plus à l'auteur qu'à choisir entre la bouche d'un pistolet ou les pieds de la croix ». Ses commentaires sur la pièce montrent qu'il a le sentiment, parfaitement justifié, d'avoir atteint une limite, ce qui le console visiblement de la difficulté d'intelligibilité de sa tragédie, qu'il ne nie pas et qui en est un défaut évident. Que faire ensuite? C'est le même problème qu'après *Polyeucte,* dans un contexte différent. Comme après *Polyeucte,* comme après *le Cid,* Corneille va longtemps hésiter et se taire.

Les circonstances, il est vrai, ne sont pas propices à la composition dramatique. Le mécontentement qui va aboutir aux premiers orages de la Fronde en 1648 commence à se généraliser. Corneille, au sein de ces hésitations, apparaît de plus en plus comme un personnage officiel et même, en tant qu'écrivain, comme un interprète du pouvoir. En

1647 il est élu à l'Académie française, bien que résidant à Rouen, et Mazarin, qui le pensionnait depuis plusieurs années, lui commande la tragédie à machines d'*Andromède*. Sujet de mythologie conventionnelle pour un divertissement de Cour, il ne semblait pas engager Corneille dans une réflexion bien sérieuse sur l'art dramatique. La pièce s'inscrit parmi les premières tentatives pour acclimater en France les fastes de l'opéra italien. Elle fait appel à la collaboration de d'Assouci pour la musique et de Torelli pour la machinerie, qui y joue un rôle de premier plan.

Sa création fut longuement retardée par divers événements. Le jeune Louis XIV eut la petite vérole, et le futur saint Vincent de Paul sut montrer dans cette maladie une marque du mécontentement de Dieu devant une Cour qui aimait trop le théâtre. En 1648, c'est la Journée des Barricades, et la Cour doit se réfugier à Saint-Germain-en-Laye. L'année 1649 n'est guère plus favorable au théâtre. Les pamphlets violents se multiplient. Dans l'autre camp paraissent des ouvrages de propagande officielle, où Corneille est en bonne place. *Andromède* ne fut finalement créée, dans le vaste théâtre du Petit-Bourbon que Molière occupera plus tard, qu'en janvier 1650. Dans ces circonstances, cette luxueuse représentation était un geste politique. Elle affirmait que le gouvernement, contrairement à ce que prétendaient ses détracteurs, avait la situation bien en main.

Le texte de Corneille est écrit avant tout en vue du spectacle dont il est un élément. Règles et traditions réduisent habituellement au minimum la part du visible dans le théâtre du XVIIe siècle. *Andromède* est, à l'inverse, la contre-épreuve et, si l'on veut, le contrepoison du projet classique, en ce qu'il faut tout y voir et que tout, effectivement, y est montré. L'idéal de la « pompe » s'y affirme dans les décors, les machines et les récits, car le discours même y est spectacle. Mais au privilège du récit qui caractérise le théâtre austère s'oppose ici la volupté de la mise en scène, qui ne craint pas de représenter les événements les plus surnaturels. Le spectateur voit la lutte de Persée, monté sur le cheval volant Pégase, contre le monstre marin qui allait dévorer Andromède. A la reprise de 1682, on raffinera davantage encore. « On a représenté, nous dit-on, le cheval Pégase par un véritable cheval, ce qui n'avait jamais été vu en France. » On l'avait réduit à un « jeûne austère », et au moment de le faire entrer en scène, on lui montrait de l'avoine, de sorte que « ce cheval, pressé par la faim, hennissait, trépignait des pieds, et répondait ainsi parfaitement au dessein qu'on avait »...

A l'unité de lieu est substituée la pluralité des lieux la plus affichée. Chaque acte a un décor différent, et les décors ne visent pas moins à la variété qu'à la richesse. On passe de l'un à l'autre par des changements à vue, car la manœuvre du rideau est encore exceptionnelle au XVIIᵉ siècle. La musique n'a pas encore l'exclusivité que lui assurera l'opéra : *Andromède* est une tragédie *avec* musique et non une tragédie *en* musique. Corneille explique qu'il a eu soin de placer la musique, jouée ou chantée, dans les moments où le spectacle attirait tous les yeux, mais qu'il ne confiait jamais aux paroles chantées des renseignements nécessaires à l'intelligence de la pièce. Ces moments de spectacle en musique, amenés par le drame mais distincts du drame, interviennent au moins une fois dans chaque acte. Les personnages en sont divins et, comme dans l'*Iliade*, les intérêts opposés des humains sont défendus par des dieux qui prennent part à l'action. Les apparitions divines acquièrent ainsi une finalité dramatique dans ce qui apparaît comme un ensemble bien intégré de genres théâtraux fort distincts jusqu'alors. Il n'est pas jusqu'au détail de l'expression qui ne se ressente de la fluidité que permet et même qu'exige l'emploi de la musique. Les vers les plus variés abondent dans *Andromède,* et l'*Examen* envisage même de pousser cette liberté jusqu'à l'abandon de la régularité strophique, ce qui est sur le chemin du véritable vers libre.

Œuvre charmante et légère, sans bavure, sans rien qui arrête, *Andromède* est peut-être une pièce brillante qui n'est que brillante. En même temps qu'un héros, Persée y est un parfait galant homme, et le problème métaphysique des rapports des hommes avec les dieux, qui sera celui d'*Œdipe,* n'est pas ou guère posé dans cette tragédie fort peu tragique. Toutefois, rien de ce que touche Corneille ne reste indifférent, et il a su donner un singulier relief au problème dramatique et moral de Phinée, le rival malheureux. Andromède proclame que « le change est un crime », et ce principe, que la comédie peut violer allègrement, est effectivement celui de la tragédie amoureuse. Or, en une seule journée, Andromède doit avec bonne conscience quitter Phinée pour Persée. Les dieux n'y suffisent pas, et il faut que Phinée soit gravement coupable. En se révoltant contre la désignation d'Andromède comme victime, il se discrédite déjà comme héros et justifie sa disgrâce future. Il a surtout le tort essentiel d'être absent au moment décisif où le monstre apparaît. C'est, malgré ses belles raisons, qu'il est un lâche, comme la reine le lui laisse assez clairement entendre. Sa situation est donc, en dépit de l'appui d'une partie des dieux, sans issue. Comme Phocas et d'autres tyrans, il ne dispose que d'un pouvoir impuissant. Après une sorte de procès, où il est jugé et condamné, il n'a d'autre recours que la violence et son attaque contre Persée n'est qu'un guet-apens indigne d'un héros et même d'un honnête homme. Ainsi *Andromède,* à travers tous ses artifices, trouve-t-elle le moyen d'apporter une interprétation juste et dure de la légende par l'éthique de la gloire.

Don Sanche d'Aragon a sans doute été écrit pendant qu'*Andromède* attendait son tour, mais n'a pu être joué qu'à la fin de 1649 ou au début de 1650. Dans toutes les éditions que Corneille a données de son théâtre, *Don Sanche* figure après *Andromède* et, en l'absence d'indications plus précises, il n'y a pas lieu de contester cette chronologie. Comme le souligne la dédicace, la pièce est une recherche de nouveauté, et Corneille y a fait preuve d'une grande liberté d'invention. Le dénouement révélera que Don Sanche est roi d'Aragon, mais pendant toute la pièce il passe pour roturier. Or la reine de Castille, Isabelle, l'aime et doit ce jour même se choisir un époux, qui ne saurait être que princier. Elle hérite donc des fonctions dramatiques et sociales de l'Infante du *Cid*. De fait, *Don Sanche d'Aragon* apparaît comme une expérience sur ce que deviendrait *le Cid* si l'Infante en était le personnage principal.

Isabelle est plus active que l'Infante, elle sait ruser avec grandeur pour tourner l'obstacle social, mais celui-ci se révèle insurmontable. Comme Rodrigue, le vaillant Carlos, sous le nom duquel se cache Don Sanche, est un tueur de Mores, il a étendu le domaine chrétien jusqu'à Séville, il sait raconter brillamment ses exploits. Il a toutes les vertus, y compris l'exigence morale la plus haute au détriment de ses intérêts amoureux ; mais la naissance, croit-on, lui manque. Avec celle du *Cid* est discrètement rappelée la situation d'*Horace* : le pays a choisi, pour défendre la noblesse contre l'aventurier Carlos, trois champions, et ce choix s'impose aux nobles qui en sont honorés, même s'il les désespère. *Don Sanche* n'est pourtant pas une tragédie, mais un récit inventé à partir de sources littéraires très partielles et traitées avec désinvolture.

Corneille accompagne sa pièce d'un *Argument* qui semble raconter des événements historiques, mais les spécialistes n'y reconnaissent aucun fait connu. Tout au plus, à travers bien des imprécisions et des contradictions, croient-ils pouvoir retrouver l'image déformée de quelques faits du xie siècle, l'époque du Cid de l'histoire. Ce que Corneille s'est donné par cet étrange *Argument* n'est qu'une pseudo-histoire, dont il tirera sans peine le drame idéologique qu'il veut proposer. Un détail du début du quatrième acte montre bien qu'on est dans une histoire plus fictive que réelle : les grands de Castille se déclarent les sujets du roi d'Aragon ; pour que leur soumission ait un sens, il faudrait qu'on puisse, anticipant de plusieurs siècles, prévoir l'unification des deux royaumes qui ne sera réalisée que par le mariage des Rois Catholiques.

Cette liberté d'invention entraîne l'impossibilité, pour *Don Sanche*, de s'insérer dans les cadres traditionnels du théâtre de son temps. Corneille désigne sa pièce par la formule novatrice de « comédie héroïque » et explique avec beaucoup de subtilité dans la dédicace à

M. de Zuylichem pourquoi elle ne peut pas être une véritable tragédie. Un siècle avant Diderot, il définit la possibilité d'une action tragique entre des personnages bourgeois. Inversement, *Don Sanche,* bien que sans comique, est une comédie parce que ses personnages princiers ne courent aucun danger réel. En fait, la pièce souffre de ne comporter ni périls tragiques ni ressorts comiques. Elle ne se soutient que par le thème. Celui-ci, très actuel pour les contemporains, explique à la fois la structure de l'action et son traitement esthétique.

S'il est impensable en 1650 qu'une reine épouse un roturier, le problème ne peut pas être traité avant que l'opportun dénouement révèle Don Sanche en Carlos; tout au plus peut-il être retardé. C'est à quoi s'emploie la liaison des situations. Isabelle doit au début se choisir un époux. Bien vite, elle remet cette responsabilité à Carlos. Ce dernier imagine de défier en duel les comtes ses rivaux; mais ces combats sont inacceptables et n'auront pas lieu. Leur succèdent les projets de mariage des sœurs des comtes : autre voie qui ne mène nulle part. Enfin le bruit court, comme dans une tragédie, que Don Sanche n'est pas mort, et qu'il est peut-être Carlos. Après un nouveau retard par l'épisode du pêcheur, la reconnaissance finale étale ses fastes; elle le pouvait, puisqu'elle constitue en réalité la totalité de l'action. Les souverains sont informés bien mal et bien tard de ces surprenants événements, qu'ils n'influencent en rien. Pour eux comme pour le public, tout ce qui se passe n'est qu'un spectacle.

Cette mince intrigue est mise en œuvre avec habileté et richesse. L'effectif des rois et des grands, qui plaisaient tant aux spectateurs du XVIIe siècle, est fort élevé : deux reines, un roi, une princesse héritière d'un trône, et quatre très grands seigneurs. Surtout, le problème nobiliaire, loin d'être traité par des considérations abstraites, est véritablement mis en scène, en des confrontations dramatiques de personnages, du premier acte au dénouement. Suivant des voies nécessairement obliques, les héros subtils recourent largement à des ingéniosités sentimentales qui préparent le chemin du mouvement précieux. Comme les pensées, la forme est raffinée et propose parfois des effets de rythme originaux.

Mais la valeur essentielle de *Don Sanche* pour les contemporains est d'ordre thématique, et non esthétique. La pièce propose une idéologie, et presque une mythologie, hautaine et qui exige l'admiration : un roi est toujours grand, même lorsque des événements regrettables et passagers l'affublent d'une défroque roturière. C'est bien imprudemment qu'on a vu du républicanisme dans les déclarations de Carlos : loin de proclamer que sa valeur compense sa basse naissance, ce roi caché regrette qu'elle ne la compense pas. Avant qu'arrivent preuves et témoignages, les nobles proclament que la valeur de Carlos ne peut appartenir qu'à un roi. Pouvoir et mérite, dans le système monarchique qu'exalte la pièce, sont nécessairement confondus. La confiance intrépide de Corneille dans la justice immanente de la royauté est, à sa date, un acte politique : devant les dénégations de la Fronde, il s'agissait de chanter, par la fiction du théâtre, les vertus métaphysiques d'un ordre contesté. C'est sans doute cette insertion dans le contemporain qui, pour nous, a fait vieillir *Don Sanche*.

Nicomède, qui est peut-être la tragédie politique la plus pénétrante de Corneille, a été créé à la fin de février ou au début de mars 1651. La composition de la pièce est donc contemporaine de la période incertaine où Corneille avait dû accepter, par loyalisme envers la royauté et sans aucune joie, de remplacer Baudry dans les fonctions officielles de procureur des États de Normandie, en même temps que Condé, emprisonné, attirait néanmoins tous les regards. L'incertitude des temps ne pouvait échapper à l'auteur de *Nicomède* ; de fait, quelques semaines après la création de la pièce, Baudry est réinstallé dans ses anciennes fonctions. Il était peu tentant de faire allusion par une tragédie à une politique intérieure aussi fluctuante. C'est pourquoi on hésite à suivre les critiques qui ont voulu voir Condé derrière Nicomède. Quelques analogies permettaient sans doute des applications à ceux qui tenaient à en faire. Ainsi Condé, détenu au Havre, risque-t-il effectivement, comme Nicomède à la fin de la tragédie, d'être, en cas de troubles, déporté à l'étranger. Mais la fidélité à son roi, qui distingue constamment Nicomède, ne peut guère être portée à l'actif de Condé, et surtout comment Corneille, qui a prouvé par des actes son hostilité à la Fronde, pourrait-il exalter, même par des allusions dans une œuvre de fiction, le plus prestigieux des chefs de la Fronde ?

En réalité, Corneille s'est écarté de ce terrain dangereux. Il s'est refusé les facilités de la comédie, dans laquelle se réfugiaient beaucoup de ses confrères, et à la politique intérieure il a préféré la politique étrangère. Il était normal, en raison des traditions historiques de la tragédie de son temps, que Rome fût au centre. Mais Rome est ici vue de l'extérieur, et non plus, comme presque toujours à l'époque où le pouvoir était incontesté, du point de vue de sa puissance et de ses problèmes propres. En un temps de contestation, Corneille choisit de présenter le point de vue de l'opposition. Il ne l'avait guère fait auparavant que sous les espèces assez particulières de l'opposition chrétienne, et le résultat auprès du public avait été peu satisfaisant. Dans *Nicomède* pour la première fois et avec une maîtrise inégalée, il va mettre en scène les problèmes d'une opposition nationale. Pour héros, il choisit volontairement un personnage peu connu, afin de pouvoir modifier librement les données historiques qui le concernent : à mi-chemin, chronologiquement, entre les deux plus illustres ennemis de Rome, Annibal et Mithridate, le prince de Bithynie ne participe pas à leur rayonnement.

Voulant exalter ce héros et le proposer à l'admiration du public, Corneille ne pouvait pas se satisfaire des schémas tragiques appelant la pitié sur un noble ennemi écrasé par la puissance romaine. La tragédie qui avait tiré de ces schémas le parti le plus brillant et dont le retentissement restait, et devait rester, considérable, était la *Sophonisbe* de son vieil ennemi Mairet. Par son *Nicomède,* Corneille veut en quelque sorte refaire cette *Sophonisbe* qu'on avait opposée au *Cid,* en magnifiant ceux que l'histoire désigne comme les vaincus de Rome. Comme *Sophonisbe* aussi, *Nicomède* observe d'une main légère les impératifs dramaturgiques, et la forme n'y est jamais visible au détriment du sujet. C'est ainsi que l'exposition, malgré sa complexité, est contenue tout entière dans la première scène, et que le dénouement est particulièrement rapide et imprévu. Il est aussi plus travaillé que ne le sont d'ordinaire ceux des pièces classiques. L'*Examen* nous apprend que dans une première version Prusias et Flaminius s'enfuyaient sur la mer et ne participaient point à l'euphorie, fragile mais générale, de la fin. Il ne reste malheureusement rien de ce premier état de la pièce, que nous ne connaissons que par cette confidence de Corneille.

L'avis *Au Lecteur* explique de façon claire et détaillée les modifications et surtout les additions que la tragédie apporte à ses sources historiques. Elles sont considérables. On peut leur ajouter encore la fusion en un seul de deux personnages assez connus dont les noms diffèrent assez peu, un Flamininus qui vint réclamer à Prusias qu'on lui livrât Annibal, et un Flaminius, fils du vaincu du lac Trasimène. Au total, Corneille s'est beaucoup éloigné de son point de départ, qui n'était qu'un conflit sanglant entre le père et le fils. L'histoire a été par lui fort librement refaite et, si l'on ose dire, améliorée, en vue d'une cohérence et d'une efficacité dramatiques. C'est pourquoi il peut à juste titre proclamer qu'il a cherché et trouvé du nouveau dans *Nicomède,* plus encore que dans *Don Sanche.*

Les noms des personnages sont en grande partie inventés. Corneille ne trouve dans ses sources que Prusias, Nicomède et Flaminius. Les autres, comme pour *Rodogune,* proviennent de la lecture des cartes. Arsinoé et Attalia sont des villes de la côte sud de l'Asie Mineure. Au moins quatre villes de la même région portent le nom de Laodicea. Devenus personnages de théâtre tous sont animés à la fois sur le plan politique et sur le plan humain. En même temps qu'ils incarnent des attitudes précises devant les problèmes de la politique internationale du deuxième siècle avant Jésus-Christ, ils ont une personnalité bien réelle et souvent complexe. Prusias est parfois présenté comme un imbécile, comme une simple ganache, à tout le moins comme un pusillanime. Cette caricature pittoresque ne correspond nullement à la réalité. Dans sa famille, le roi est emporté, et même violent; il est dominé par sa femme. Mais il est lucide, il sait joindre l'autorité et la diplomatie. Il est fort habile devant les problèmes difficiles que lui posent ses fils; Laodice, au début, le trouve « juste et prudent ». Quand la situation se tend, il lui fait face avec rapidité. Il dépasse un autre de ses modèles, le héros du *Venceslas* de Rotrou, en ce que Venceslas ne pouvait rester père qu'en cessant d'être roi; Prusias, lui, malgré son erreur finale, parvient à cumuler ces deux fonctions. La politique qu'il suit n'est pas glorieuse, mais elle est parfaitement défendable, et d'ailleurs elle lui réussit. Au reste, le Prusias de l'histoire n'était pas un roi si mauvais ni si maladroit, puisqu'il régna pendant quarante-quatre ans.

Son épouse Arsinoé ne doit pas non plus être trop noircie. Elle est perfide, elle ment sans arrêt, mais elle n'a pas vraiment voulu faire assassiner son beau-fils. Elle poursuit par des voies tortueuses la même politique que son mari. Si elle était criminelle, sa réconciliation finale avec Nicomède serait dépourvue de sens comme de crédibilité. Le plus durement traité des pro-Romains est Araspe : ayant à prendre parti sur la culpabilité de Nicomède, il est cauteleux et son discours équivoque peut être interprété comme excuse ou comme accusation; cette prudence fait qu'on ne plaindra pas sa mort.

Si Flaminius n'est qu'un ambassadeur habile, tantôt insinuant et tantôt impérieux, le cas d'Attale est le plus intéressant, car on le voit passer, au cours de la pièce, d'un camp à l'autre. Une telle évolution est fort rare au théâtre. A vingt-quatre ans, formé par Rome, il n'est pas l'instrument docile qu'on espérait. C'est que son option romaine ne s'est pas accomplie dans la servilité, mais dans un choix raisonné : c'est pour ne pas souffrir de l'infériorité du cadet qu'il s'est intégré à l'ordre romain. Cette démarche a conservé sa fraîcheur, son honnêteté, sa lucidité, que son frère reconnaît progressivement. Il reste attaché à la vertu, ce qui permet sa prise de conscience à la fin du quatrième acte et son rôle décisif dans le dénouement.

Nicomède n'est plus un jeune homme, puisqu'il commande une armée depuis dix ans; il a sans doute largement dépassé la trentaine. A la maîtrise de l'art militaire et au courage il joint une attitude politique inébranlable, fondée sur ses convictions nationalistes et monarchistes, une intelligence acérée qui le rend redoutable dans les affrontement verbaux, — et l'amour de Laodice. Celle-ci partage ses idées et sa décision, l'aime, l'admire, a confiance en lui. Leur relation n'est toutefois pas exclusivement amoureuse. Corneille affirme en tête de sa pièce que « la tendresse et les passions » n'y ont « aucune part » et que, si Nicomède est néanmoins amoureux de Laodice, c'est essentiellement pour joindre leurs deux couronnes. A prendre à la lettre ces formules, on conclurait que *Nicomède* est une pièce, non seulement sans amour, mais même sans émotion. Il vaut mieux reconnaître que le type de pièce centré sur la politique donne nécessairement naissance au sentiment que Corneille appelle « amour politique » et qui, s'il n'exclut pas la sincérité sentimentale, la subordonne pourtant aux nécessités du jeu politique.

L'autre nouveauté que signale l'avis *Au Lecteur* est la primauté de l'admiration. Cette déclaration n'est que la prise de conscience d'une évolution qui a commencé dans le théâtre de Corneille bien avant *Nicomède* et qui se poursuivra longtemps après. Elle résulte du fait que les actions d'éclat des héros sont rejetées dans le passé. Rodrigue, Horace, Auguste, luttaient dans le présent de leurs tragédies. Comme le voulait Aristote, on éprouvait de la crainte pour leurs entreprises et on avait pitié de leurs malheurs. Nicomède au contraire n'agit plus. Il a agi. Il a gagné toutes ses batailles. Ce n'est pas à dire qu'il soit tranquille. Il doit se défendre contre ses ennemis, et précisément, il se défend d'une manière admirable. La substitution de l'admiration aux ressorts aristotéliciens traditionnels manifeste le passage d'une tragédie de l'existence à une tragédie de l'essence, mais aussi celui, dramatiquement dangereux, d'une technique du mouvement à une technique de l'immobilité. C'est pourquoi, dans l'*Examen* plus tardif, Corneille ne fait qu'avec prudence la théorie de l'admiration, en y réintroduisant la pitié qu'il s'agissait d'abord d'éliminer.

La complexité de l'analyse politique dans *Nicomède* est égale à celle de la pièce politique de Corneille la plus admirée jusque-là, *Cinna*. Mais alors que *Cinna* portait en fait sur les problèmes de la royauté, qui nous intéressent moins que les spectateurs du xviie siècle, *Nicomède* illustre les mécanismes de l'impérialisme d'une grande puissance mondiale, bien plus actuels pour notre temps. Le principe directeur de la politique romaine est d'empêcher les royaumes du Proche Orient de devenir trop puissants. Or les conquêtes de Nicomède et plus encore son éventuel mariage avec Laodice donneraient naissance à un ensemble territorial anti-romain extrêmement important. A la Bithynie qui tient l'angle nord-ouest de l'Asie Mineure, et par conséquent l'accès à la mer Noire, les conquêtes de Nicomède ont ajouté les trois royaumes de Galatie, de Cappadoce et du Pont, qui s'étendent, sans solution de continuité, d'ouest en est. Les deux derniers de ces royaumes ont une frontière commune avec l'Arménie de Laodice. Si donc Nicomède épousait cette princesse et régnait, après la mort de son père, sur tous ces territoires, il dominerait pratiquement toute la moitié nord de l'Asie Mineure et, solidement appuyé sur cet hinterland, il pourrait contrôler toute la partie sud de la mer Noire et couper la route des Détroits. On conçoit que cette éventualité soit, militairement et politiquement, inacceptable pour Rome.

Pour parer à ce danger, la politique romaine dispose, avant même d'être contrainte à l'intervention militaire, d'un certain nombre d'atouts. L'un d'eux est l'intimidation, que pratique par exemple Flaminius lorsqu'il proclame, bien intrépidement, qu'il n'y a pas de politique de rechange à la collaboration avec Rome. Un autre est la propagande culturelle, exercée pendant vingt ans sur Attale, avec des résultats qui sont loin d'être brillants. La défense du *statu quo* est aussi un instrument de cette politique, mais elle se révèle une arme à double tranchant. Elle peut priver Nicomède du profit de ses conquêtes, mais elle n'empêche pas moins de faire régner Attale, qu'on voudrait opposer à son frère. Jusqu'à la fin, on cherche, sans le trouver, un trône pour ce prince. La confrontation du quatrième acte entre Nicomède et son père a beau reposer sur des émotions violemment opposées, elle est politiquement sans issue : s'il s'agit toujours de donner à Attale la Bithynie et les trois royaumes conquis, et de laisser Nicomède régner en Arménie, la guerre éclatera presque nécessairement entre les deux frères dès la mort de Prusias. C'est précisément devant cette impasse que le roi réagit avec une promptitude digne d'un chef d'État. Mais tout ne lui est pas possible. C'est en vain qu'au troisième acte il menaçait Laodice de lui faire la guerre ; s'il pouvait faire cette guerre, il la ferait.

Nicomède dispose également d'armes efficaces, sans lesquelles il ne pourrait pas faire face aux dangers très réels qui le menacent. La tragédie se subdivise approximativement pour lui en quatre périls successifs. D'abord Nicomède, laissant vraisemblablement son armée aux frontières de l'Arménie, a parcouru plusieurs centaines de kilomètres pour se rendre, sans ordre, à la cour du roi ; il a donc commis le crime d'abandon de poste, qui est punissable par la peine de mort ; la menace en est évoquée par Arsinoé et par Araspe, mais Prusias, au deuxième acte, acquitte son fils de ce chef d'accusation. Il n'en reste pas moins que la situation de Nicomède au début de la pièce est très inconfortable : entre le risque d'être assassiné à l'armée et celui d'être accusé de haute trahison à la cour, il n'avait pas de troisième lieu où il pût être en sûreté. Le deuxième péril, représenté par les prétentions d'Attale, qu'appuie Flaminius, à un trône et plus particulièrement à la main de Laodice, est, sur le plan politique, plus grave encore. Il est surtout exposé dans les deuxième et troisième actes, bien qu'il se prolonge jusqu'à la fin. Métrobate et Zénon, les faux assassins qui trahissent tour à tour les deux camps, constituent le troisième péril. Arsinoé, surtout aux troisième et quatrième actes, tente par leur moyen de rejeter sur Nicomède le crime de subornation de ces perfides dont elle est elle-même coupable. Enfin, le dernier péril, qui reçoit à la fin de la pièce un début de réalisation, est que Nicomède soit envoyé comme otage à Rome. Pour le délivrer, il ne faut pas moins qu'une révolte populaire dont les progrès scandent chacune des cinq premières scènes du dernier acte. Le régime paraît bien près de s'écrouler lorsque à la cinquième on apprend que l'armée commence à passer au peuple, se déclarant contre l'oligarchie régnante qu'elle avait précisément pour charge de protéger. Dans la confusion qui s'ensuit, on ne sait plus laquelle des deux reines, d'Arsinoé ou de Laodice, est l'otage de l'autre, ce qui est l'indice d'une situation véritablement révolutionnaire. Avec ces agitations contrastent les premiers mots de Nicomède reparaissant : « Tout est calme ». Comment a-t-il gagné une partie si difficile ?

Dès son premier affrontement avec Attale, il s'appuie sur son droit d'aînesse, qui est effectivement, selon le droit français du temps, un avantage décisif. Il a en outre, sur le plan local, la supériorité des forces militaires ; Rome, visiblement, n'est pas prête à lancer contre lui une offensive de grande envergure. Il a l'appui de ce qu'on peut appeler le gouvernement en exil d'Arménie. Il a surtout, ce qui se révèle encore plus précieux dans les circonstances graves, le soutien des masses populaires. Enfin, il manie avec une habileté consommée les armes idéologiques qui sont le fondement de sa politique militaire et amoureuse. Il invoque sans cesse le thème de la souveraineté royale, dont il voudrait bien persuader son père lui-même. Si l'on fait abstraction de la forme monarchique, l'idée se transpose aisément de nos jours en thème de l'indépendance nationale. Cet idéal lui gagne l'amour des Bithyniens en même temps qu'il lui permet une politique de renforcement.

Enfin son insolence, si visible, doit elle-même recevoir une interprétation politique. Lorsqu'il mêle, dans ses discours à Flaminius, les allusions blessantes aux prises de position qu'il sait inacceptables pour Rome, il se borne à mettre en œuvre, dans le cadre d'une esthétique théâtrale, des moyens qui sont ceux de l'indépendance diplomatique. Parfois, il joue, avec des adversaires moins doués que lui, comme le chat avec la souris. Mais, plus souvent, sa désinvolture est un acte politique, et l'admiration qu'il inspire repose sur des facteurs dont les uns sont esthétiques, mais les autres biens réels. Par ces prestiges et ces forces, il bat le rassemblement des énergies nationalistes et peut parvenir à contraindre Rome à accepter la coexistence pacifique. Il a même l'habileté d'insérer ce renouvellement dans un cadre loyaliste, et même légaliste, puisque à la différence de Condé il ne se rebelle jamais contre son roi.

Toutefois, Nicomède ne peut vaincre Rome, et le résultat du conflit est nécessairement estompé. Il n'est pas précisé dans la pièce que Laodice, comme Léonor dans *Don Sanche,* vit à la cour d'un roi voisin parce que son propre pays ne lui obéit plus, mais cette situation de fait est pour elle, et par suite pour Nicomède, une cause d'infériorité et de gêne. Cet aspect n'échappe pas à Flaminius, qui comprend que Laodice chez Prusias n'est plus véritablement indépendante. Elle est donc pour Nicomède un moyen de pression contre ses ennemis plus qu'une aide véritable. Nicomède parvient-il, avec tous ses avantages, à l'épouser à la fin ? Rien ne l'indique. Les raisons stratégiques qui militaient contre ce mariage sont restées les mêmes. Le dénouement montre un Nicomède glorieux, mais non marié. C'est que la situation est restée fondamentalement la même. Nicomède n'est pas vaincu. Mais il n'a pas gagné non plus. Il est, il a toujours été, un élément important de l'équilibre des puissances dans cette région du monde.

Quelques années après la création de cette tragédie, Molière, pour la soirée décisive où il joue pour la première fois devant Louis XIV qui n'avait que vingt ans mais affirmait son intention de gouverner, choisit *Nicomède.* Les raisons de ce choix sont sans doute la richesse politique de la pièce, et aussi ses valeurs d'ironie. Molière s'en souviendra. Le nom d'Arsinoé, avec toute la perfidie du personnage, passera dans la comédie du *Misanthrope.*

Pertharite a été joué à la fin de 1651 ou au début de 1652, donc à une époque où la guerre civile accumule les ruines et où le théâtre périclite. Alors que bien des auteurs s'évadent vers le burlesque, Corneille reste fidèle à la tragédie. Il a choisi chez d'obscurs historiens un sujet du Haut Moyen Âge, ce qui lui permet de le traiter avec sa liberté habituelle. Le problème réel de *Pertharite* est celui que *Don Sanche* ne posait qu'en apparence : alors que le héros de la comédie héroïque se révélait opportunément de naissance royale, Grimoald est et reste un usurpateur. Mais le paradoxe de *Pertharite* est qu'avec le rôle d'un méchant, ce personnage a toutes les vertus d'un roi véritable. Comme *Nicomède,* cette tragédie peut finir heureusement : seul y meurt un comparse peu sympathique et tous les protagonistes, rassemblés par un dénouement aussi euphorique qu'imprévu, sont à la fois mariés et couronnés. Le projet de susciter l'admiration est plus difficile ici que dans la pièce précédente, puisqu'il doit se réaliser à travers le crime même.

Voltaire a remarqué le premier la similitude de structure entre *Pertharite* et l'*Andromaque* de Racine : quatre personnages dont chacun aime qui ne l'aime pas. La ressemblance ne porte pas seulement sur la forme de ce schéma général, mais sur la violence émotive de plusieurs situations qui en résultent. L'affrontement d'Éduïge et de Rodelinde chez Corneille est déjà celui d'Andromaque et d'Hermione. Le mariage comme récompense d'un meurtre était déjà la promesse d'Émilie à Cinna et sera le problème d'Oreste. Il est traité avec une cruelle lucidité au deuxième acte de *Pertharite,* qui semble critiquer par avance l'aveuglement des personnages raciniens. Pourquoi donc Corneille s'est-il arrêté sur une voie si féconde ?

Sa pièce ne manque pas de valeurs que ce préfacier expert en auto-analyse n'aurait pas manqué de souligner si l'échec ne l'avait pas porté au découragement. L'action en est simple, continue, rapide. La psychologie y atteint parfois une finesse, une profondeur et une cruauté déjà raciniennes. Les antagonismes y sont extrêmement vifs. Les beautés de détail n'y sont pas rares, bien que l'ensemble manque de crédibilité. Ainsi, comme dans *Rodogune,* Rodelinde, sous la pression de l'urgence, parvient à renverser les rôles et oppose le chantage au chantage. Elle dit à Grimoald qu'elle acceptera de l'épouser s'il tue le fils qu'elle a eu de Pertharite. Ainsi prendrait fin le scandale constitué par la vertu de Grimoald, bon tyran dont l'existence empêche la règle monarchique de jouer harmonieusement.

C'est précisément en poussant les choses si loin que Corneille a manqué sa pièce. La proposition de Rodelinde, peut-être logique au regard de la dramaturgie et de l'idéologie, est humainement et politiquement inacceptable. Les raisons qu'elle en donne ne convainquent personne. Le roi détrôné Pertharite, qui reparaît brusquement au troisième acte, présente des inconvénients plus graves encore. Sa présence est due, non à la légitime ambition de recouvrer son trône, mais à l'amour pour sa femme ; et il persiste jusqu'à la fin dans cette motivation plus bourgeoise que royale ; les bourgeois qui composaient l'essentiel du public ne l'ont pas pardonné à Corneille. Quand il voit qu'il n'a aucun moyen d'agir, il suggère, comme Polyeucte, que sa veuve épouse celui qui est au pouvoir. Si l'on demande : Que vouliez-vous qu'il fît ? il faut répondre, comme naguère : Qu'il mourût. Mais il n'y pense pas. Aux prises avec un problème trop ardu, ce roi n'est pas un héros. Au reste, cru mort ou bien prisonnier, il est rarement en scène.

La chute de *Pertharite* fut brutale. La pièce n'eut qu'une ou deux représentations. Elle souffre essentiellement d'une contradiction sur l'amour comme ressort dramatique. Aux yeux des personnages, et surtout de Pertharite, il est la valeur suprême. Mais le monde où ils vivent est dominé par la politique, non par le sentiment. C'est donc en vain que leur destinée propose la contre-épreuve de la tragédie précédente. Dans *Nicomède,* l'amour est au service de la politique. Dans *Pertharite,* la politique est au service de l'amour, et aucun résultat satisfaisant n'est obtenu, parce que l'idéal de la gloire, qui ne survivra pas à la Fronde, est encore vivant et qu'il ne peut être ni respecté, dans les conditions très dures que Corneille impose à ses héros, ni transfiguré dans un univers passionnel qui les dépasserait. Les temps ne sont pas encore venus pour Racine. L'auteur d'*Andromaque* n'a qu'une douzaine d'années quand tombe *Pertharite*.

Si Corneille abandonne ensuite la tragédie pendant quelques années, l'échec de *Pertharite* n'en est pas la seule cause. Le genre tragique n'attire plus un public que l'actualité suffit à inquiéter, et Corneille lui-même, devant l'incertitude de la vie théâtrale, mais aussi par un mouvement intérieur, s'oriente vers la poésie religieuse. Son adaptation en vers de l'*Imitation de Jésus-Christ* est commencée avant *Pertharite* et l'occupera près de cinq ans. Son retour au théâtre ne l'empêchera pas de continuer à être un poète religieux. Il publiera en 1665 des *Louanges de la Sainte Vierge,* en 1670 des *Psaumes,* un *Office de la Sainte Vierge* et des *Hymnes.* Cette partie de son œuvre est considérable, puisqu'elle compte au total quelque quarante mille vers, soit la matière de vingt à vingt-cinq tragédies.

En présentant les derniers chapitres de son *Imitation,* l'auteur disait son intention de faire une « revue » de ses pièces de théâtre antérieures, accompagnée de « réflexions » sur les problèmes dramaturgiques. C'était annoncer la grande édition de 1660, qui occupera aussi une partie importante de sa retraite, puisqu'elle ne paraîtra que quatre ans plus tard. Cependant le théâtre est loin d'être seulement pour Corneille, pendant ces années, une méditation sur le passé. Divers indices montrent que de nouvelles créations redeviennent possibles. Ils parviennent surtout au poète par l'intermédiaire de son jeune frère Thomas. Celui-ci connaît en 1656 un succès prodigieux avec son *Timocrate.* Il donne ensuite la tragédie de *Commode,* qui, publiée en 1659, sera dédiée à Fouquet. Le fastueux Surintendant des Finances, qui briguait dès cette époque la succession de Mazarin, éprouvait le besoin d'asseoir son prestige sur une cour d'intellectuels. Il voulait être, et il fut effectivement pendant de brèves années, ce mécène que tous les hommes de lettres appelaient de leurs vœux depuis le temps de Richelieu. Ses générosités convainquirent les deux frères Corneille. L'aîné, à qui il avait demandé d'écrire une tragédie nouvelle sur l'un des trois sujets qu'il lui proposait, choisit le plus prestigieux et le plus redoutable des trois : celui d'Œdipe.

L'*Œdipe* de Pierre Corneille, créé au début de 1659, est un des plus étonnants qui soient. En s'attaquant au mythe le plus riche peut-être que les hommes aient jamais inventé, l'auteur du *Cid* l'a rendu plus complexe encore par les ressources de son inépuisable invention. Il s'est bien vite rendu compte que l'atroce légende ne convenait guère à une société qui, après les profonds ébranlements de la Fronde, aspirait aux plaisirs et aux raffinements plus qu'à l'angoisse métaphysique et appelait une esthétique qui préservât la sérénité, sinon des personnages, du moins des spectateurs. Il dût donc apporter à l'histoire contée par Sophocle des modifications importantes. Les unes, qu'explique l'*Examen,* ont pour but d'accroître les vraisemblances, de mieux respecter la bienséance en épargnant au public l'horrible spectacle d'Œdipe aux yeux ensanglantés, ou d'ajouter un intérêt sentimental à un sujet qui en était à l'origine dépourvu.

Mais ce que Corneille ne dit pas est peut-être plus important encore. Il a supprimé les deux personnages qui, dans Sophocle, servaient à provoquer la tension et l'angoisse : ni Créon ni Tirésias ne figurent dans son *Œdipe.* S'il a développé, plus que ses modèles, tout ce qui concerne la recherche du meurtrier de Laïus, il a par contre cherché à atténuer, dans toute la mesure du possible, les conséquences de l'inceste. Que quatre « gages », comme on disait, aient pu être issus de l'union contre nature d'Œdipe et de sa mère, a dû lui paraître inacceptable. Avec tous ses contemporains, il pensait que le Ciel bénit une union, en la rendant féconde, lorsqu'il l'approuve. En ces années où il se replonge, plus qu'auparavant, dans la pensée et la sensibilité chrétiennes, la bénédiction du couple incestueux ne pouvait être qu'un scandale. En Normand, il n'a modifié que la moitié de cet aspect du mythe. Il a conservé les deux garçons, Étéocle et Polynice, dont l'antagonisme peut avoir une résonance tragique. Mais les deux filles, Antigone et Ismène, se voient, au mépris de la tradition, reportées à la génération antérieure. Pour compenser ses suppressions, Corneille invente une autre princesse, Dircé, dont il trouve le nom dans Sénèque, qui hérite de quelques-unes des fonctions des personnages supprimés et dont la liste des personnages dit clairement qu'elle est fille de Laïus et de Jocaste et par conséquent sœur d'Œdipe. Or, dès la deuxième scène, cette Dircé est présentée comme la sœur d'Antigone et d'Ismène, alors qu'elle devrait être leur tante si les deux jeunes filles avaient Œdipe pour père.

Au reste, la rédaction d'*Œdipe* a été hâtive. Corneille a été contraint d'écrire sa pièce, dont les intentions sont complexes, en deux mois seulement. C'est sans doute pourquoi on peut y relever quelques inadvertances. A la troisième scène, Æmon est dit chef de sa famille, alors que son père Créon est bien vivant. Au début du deuxième acte, Dircé admet que pour son mariage elle aurait dû demander l'avis de la reine Jocaste; mais elle n'ajoute pas que l'usage du temps voulait aussi qu'elle suive cet avis.

La structure de la pièce repose sur le drame policier que présentait déjà Sophocle, mais d'autres valeurs s'y ajoutent. Au début, la peste apparaît surtout comme un obstacle au mariage de Dircé et de Thésée, qui s'aiment. Pour plaire au public mondain d'après la Fronde, Corneille a conçu ce début de tragédie, non comme la peinture d'un grand événement, mais comme celle du retentissement d'un grand événement sur un couple d'amants. Ce drame sentimental est bientôt submergé par la progression tragique à laquelle il sert d'introduction. Au deuxième acte, la recherche du meurtrier de Laïus devient le problème essentiel. Les soupçons se portent d'abord sur tout le monde, puis se précisent. Le coupable semble Dircé au deuxième acte, Thésée au troisième, et enfin Œdipe. Celui-ci, par un progrès de l'horreur habilement ménagé, est reconnu comme parricide au quatrième acte et comme incestueux au cinquième. Ce schéma est traité dans la clarté et la lucidité, sans toujours dégager l'émotion tragique impliquée par le mythe. L'intellectualisation de la légende est due pour une bonne part au personnage de Dircé, que Corneille a placé au centre de sa pièce. Son rôle est le plus long de tous, et après avoir longuement attiré l'attention sur son problème amoureux, elle ne fait plus que subir le contre-coup des événements et écouter les récits tragiques du dénouement. Pour un public attaché à la légende, elle introduit une duplicité de sujet et ne fait que retarder le déclenchement du véritable mécanisme tragique. Corneille aurait évité ces inconvénients s'il avait pu intituler sa pièce *Dircé*.

La mise en relief du personnage de Dircé oblige à voir dans la tragédie le type d'intrigue qu'Aristote appelait implexe. On y trouve en effet de nombreux dédoublements, que Corneille se borne à suggérer avec discrétion et prudence. Par sa place dans l'action, Dircé est à la fois une autre Antigone et un autre Œdipe. Sur un autre plan, elle forme avec Thésée un couple qui, exempté des problèmes tragiques, est la réplique de celui de Jocaste et d'Œdipe. D'ailleurs quand Œdipe au cinquième acte se proclame destructeur de monstres, il se rapproche par là d'Hercule, mais aussi de Thésée. Mais le mythe est si profondément plastique que lorsque Dircé, au deuxième acte, proclame que la victoire d'Œdipe sur le Sphinx lui a coûté son trône et que la peste va, croit-elle, lui coûter la vie, elle apparaît comme le personnage tragique central; Œdipe pour elle n'est plus à ce moment qu'un obstacle, un autre Créon. De fait, elle est l'héroïne de la pièce jusqu'à l'entrée de Phorbas au quatrième acte. Ce n'est qu'à la fin que le problème du coupable mystérieux trouvera en Œdipe sa solution. Ce changement de héros, qui n'avait pas nui au succès d'*Horace,* n'a pas effrayé Corneille.

Légitime héritière du trône, injustement dépossédée par Œdipe, Dircé apporte encore au mythe une autre dimension : Œdipe est un usurpateur. Ce crime, plus intéressant pour un public monarchique que ceux, fort exceptionnels, de parricide et d'inceste, explique la création même du personnage de Dircé. Si la victime de l'usurpation avait été un homme, on risquait de tomber dans les thèmes usés de la guerre civile ou du duel, ou dans les embarras de *Pertharite*. Étant femme, Dircé peut alimenter l'inquiétude morale d'Œdipe sans influencer vraiment l'action. L'insistance sur ce point amène même à s'apercevoir qu'Œdipe est doublement usurpateur : à Corinthe comme à Thèbes. Si d'autre part on est convaincu par les revendications de la liberté humaine que Corneille a considérablement développées, on sera tenté d'innocenter Œdipe des crimes que lui reproche la tradition ; si l'on se demande alors pourquoi il est puni, on ne trouvera plus que ce crime d'usurpation. Réponse certes politique et partielle, mais que la présentation de Corneille empêche d'éliminer totalement.

Si Œdipe est un usurpateur, il hérite du Grimoald de la tragédie précédente. En dépit des apparences et de la coupure décisive que semble être la Fronde, une grande continuité relie *Œdipe* à *Pertharite*. L'usurpation est même ici plus nécessaire encore, puisqu'elle est imposée par les Dieux. Bientôt Bossuet, en proclamant que tout pouvoir établi est d'origine divine, légitimera Œdipe. D'autres ressemblances avec d'autres œuvres antérieures de Corneille sont perceptibles. Dircé et Thésée, comme Laodice et Nicomède, représentent pour le pouvoir un danger militaire potentiel extrêmement grave. Sur le plan esthétique, en voulant, dès *Nicomède,* dépasser les ressorts aristotéliciens de la terreur et de la pitié, Corneille se condamnait, pour le jour où il aborderait le sujet d'Œdipe qui est l'exemple favori d'Aristote, à le rénover profondément. Si Nicomède est admirable, Œdipe, bien que criminel, doit l'être aussi ; et, paradoxalement, il le devient. Plongeant des racines dans un passé plus lointain encore, *Œdipe* retrouve aussi les situations tragiques d'*Horace* et du *Cid*. Comme Sabine, Jocaste est attachée à deux devoirs contradictoires, ceux qu'impliquent ses qualités de veuve de Laïus et de femme d'Œdipe. Comme Chimène, elle aime en Œdipe celui qui doit être son ennemi.

Fidèle à lui-même, Corneille ne s'en est pas moins par son *Œdipe* fort habilement adapté au nouveau public qui venait d'acclamer le *Timocrate* de son frère. Il a multiplié les thèmes à la mode. A trois reprises, il est suggéré que Thésée pourrait enlever Dircé, débarrassant ainsi la cour de l'encombrante princesse. Au quatrième acte, Thésée provoque Œdipe en duel. Le thème de l'enfant inconnu substitué au véritable ne sert pas seulement à expliquer l'étrange destinée d'Œdipe. Il s'applique aussi à Thésée, qui peut ainsi, pendant une partie de la pièce, passer pour le fils de Laïus. Or Dircé, qui serait ainsi sa sœur, n'en continue pas moins à l'aimer ; ces troubles sentiments paraissaient alors fort hardis et se retrouvent, malgré leur invraisemblance, dans de nombreuses pièces du temps. Enfin lorsque Œdipe au cinquième acte se vante de pouvoir lire aisément dans les âmes de tous ceux qu'il soupçonne, la perspicacité royale à laquelle il se réfère est encore de nature thématique. Ce n'est pas sans ironie tragique qu'elle s'applique à ce personnage, qui perce autrui jusqu'au tréfond puisqu'il est roi, mais ne peut se connaître lui-même.

L'*Œdipe* de Corneille a, sur plusieurs points, apporté des interprétations nouvelles et parfois ingénieuses sur le sens du mythe, pourtant fort célèbre, qui en est le sujet. La pièce se termine, comme dans Sophocle, par la punition qu'Œdipe s'inflige à lui-même en se crevant les yeux. Cet événement imprévu est rendu compatible avec les exigences de l'ombre de Laïus, qui devaient l'annoncer sans le révéler : le Ciel demandait le « sang » du coupable, ce que tout le monde comprenait comme sa mort; or il suffisait du sang de ses yeux. Mais surtout la tirade finale de Dymas dote ce sang de trois valeurs symboliques qu'on chercherait en vain dans Sophocle. A Œdipe qui n'a commis qu'un « innocent forfait » et qui est victime plus que rebelle devant une justice ambiguë, hésitante et incomplète, convient cette demi-mort qu'est l'aveuglement. Coupable lui aussi, le Ciel n'est plus digne de sa vue, et c'est pour se venger de lui qu'Œdipe lui refuse ses regards. Enfin, ce n'est pas en vain que son sang est dit « précieux » et qu'il a la vertu de purifier la terre, dès qu'il la touche, en en effaçant la peste : derrière l'Œdipe de Corneille se profile un Jésus-Christ rédempteur doté des mêmes pouvoirs; d'ailleurs pour un Français du XVIIe siècle, un roi est toujours l'image de Dieu.

La réflexion métaphysique et morale de Corneille ne s'exerce pas seulement sur ce dénouement, mais sur l'ensemble du mythe. Paradoxalement, cette démonstration de la fatalité est réinterprétée par une méditation sur la liberté. Mais il n'est pas aisé de répondre à la question que pose avec insistance le récit de Corneille : qui est coupable? Un premier élément de réponse, qu'on ne peut écarter parce qu'il est suggéré à plusieurs reprises, est que la responsabilité du drame incombe au Ciel lui-même. Le Ciel est injuste, trompeur, cruel; ses intentions peuvent d'ailleurs être déformées par des prêtres que l'argent aurait corrompus; jusqu'aux derniers vers, les personnages se méfient de Dieux qui restent dangereux. Pourtant, les hommes ne sont pas parfaitement innocents. Phorbas, qui joue le rôle de détonateur, a commis « l'innocente erreur » d'où découle tout le drame; elle n'est pas si innocente, puisqu'il s'en punit par le suicide.

A son image, Œdipe, innocent dans l'âme et confiant dans les ressources de sa propre liberté, fait parfois un mauvais usage des possibilités que le Ciel lui laisse. Avant Sartre, Corneille savait que la liberté de l'homme n'existe qu'à l'intérieur d'une situation donnée. Or, la situation, ici, est constituée par les intentions des Dieux, qui sont mauvaises, mais non absolument contraignantes. Dans une tirade de la fin du troisième acte très remarquée en son temps, Thésée proclamait qu'aucune prédestination n'enchaînait l'initiative humaine. Il rejoignait par là, sans parler des discussions qui opposaient Jésuites et Jansénistes sur la Grâce divine, l'enseignement essentiel de l'astronomie orthodoxe, selon lequel les astres inclinent, mais ne nécessitent point. Mais quand Œdipe cherche lui-même la vérité qui le condamne, il commet l'erreur qui lui sera fatale. Par leur acharnement à savoir ou par leur prudence maladroite, les hommes ont déclenché les catastrophes. Quand tout est perdu, le courage reste. Celui d'Œdipe est admiré pour sa vertu stoïcienne. Mieux, dans le désastre, l'initiative se redresse. Il revient à Œdipe de « couvrir », comme il le dit, c'est-à-dire d'assumer, les crimes du Ciel ; ainsi le bon sujet se dévoue pour son roi.

Au pis aller, quand l'homme n'est plus maître de sa vie, il reste maître de sa mort. Le suicide, ou l'aveuglement qui en est le substitut, rend à l'homme vaincu par la fatalité une paradoxale autonomie. Il est la solution héroïque au problème de la liberté. Dans cette perspective, la grandeur d'Œdipe vient de ce qu'il refuse de se considérer exclusivement comme un instrument des Dieux et de ce qu'il tient, même dans la situation tragique à laquelle ces mêmes Dieux l'ont réduit, à assumer sa liberté au prix de sa vie. Cette conception de l'homme est conforme à la doctrine des Jésuites dont Corneille a été l'élève. Elle ne laisse pas de rendre assez lourde, objectivement et en termes de morale humaine, la responsabilité du Ciel. Une interprétation antireligieuse de l'*Œdipe* de Corneille est possible. Il était réservé à Voltaire de la donner.

Minutieusement mise au point pendant les années de retraite, l'édition des *Œuvres* de Corneille de 1660 est un monument de la réflexion sur le théâtre. Elle apporte, pour chaque pièce, un *Examen* qui reprend souvent des idées, voire même des phrases, aux présentations antérieures, mais en poussant beaucoup plus loin l'analyse. Aussi lucide que sincère, Corneille y fait une véritable autocritique. Il met en relief les erreurs comme les vertus et rattache les unes et les autres au système de pensée dont les trois *Discours* qui figurent en tête de chacun des trois volumes tracent les principales articulations. Par eux, la leçon préexiste, et de loin, aux applications. Leur développement réussit à rester clair et illustré par de nombreux exemples malgré l'abstraction des idées. Il est marqué par un robuste bon sens et par un relativisme bien rare à l'époque. Les questions d'esthétique dont il traite étaient alors difficiles et brûlantes. Corneille les aborde avec un bizarre mélange, qui est bien à lui, d'orgueil et d'humilité.

Soit conviction, soit soumission, car c'est l'auteur qui se livre et jamais l'homme, il accepte d'enfermer sa pensée dans des cadres dont l'archaïsme est pour nous évident. Il défend la moralité du théâtre en proposant, dès le titre du premier *Discours,* une recherche de « l'utilité » du poème dramatique, et dès la première ligne il invoque Aristote. Mais, s'il est vrai qu'il connaît bien l'Antiquité, qu'il l'aime et la respecte, il ne laisse pas de la juger et d'avoir devant elle un véritable esprit critique. Il se sent d'autant plus libre d'en adapter les valeurs au monde moderne qu'il partage sa croyance à l'existence de règles, dont le contenu toutefois reste à trouver. Incidemment, il implique une autre idée essentielle, qui fonde l'unité de sa réflexion : c'est que les règles de la tragédie et celles de la comédie sont les mêmes.

En complétant, voire en rectifiant Aristote à la lumière d'exemples tirés de ses propres pièces, il définit un système qui n'est pas seulement celui du théâtre classique, mais est plus spécifiquement cornélien. C'est ainsi qu'il explique en un sens très large et très souple le caractère complet de l'action, qu'il réaffirme la nécessité d'aller au-delà du vraisemblable et celle de ne donner à l'amour que la deuxième place, qu'il légitime la peinture de la grandeur d'âme dans le crime même et qu'il revendique la possibilité, dont il usera largement par la suite, de présenter des rôles tragiques de vieillards amoureux. Il ne perd jamais de vue la réalité théâtrale et ne renonce pas, même dans la réflexion la plus sévère, à l'activité créatrice : pour être vraiment complet sur ces difficiles problèmes, dit-il, il aurait fallu étudier toutes les pièces et tous les théoriciens, mais il a préféré se réserver du temps pour écrire des œuvres nouvelles.

De fait, quand il publie cette édition, il est sur le point de faire représenter une nouvelle tragédie, *la Conquête de la Toison d'Or.* C'est le dernier fruit de sa retraite, puisque le marquis de Sourdéac, mécène normand qui sera plus tard aux origines de l'opéra français, lui avait demandé depuis longtemps de lui fournir ce riche spectacle et que Corneille y travaillait dès 1656. Le marquis offrit à ses amis une représentation privée, dans son château de Neubourg, en novembre 1660, puis fit don des machines aux comédiens du Marais, qui inaugurèrent la carrière publique de la pièce en février 1661. Le succès fut considérable et la tragédie fut reprise jusqu'en 1683. Corneille en avait choisi le sujet de manière à permettre un déploiement de la mise en scène tel qu'on n'en avait jamais vu auparavant. L'expédition des Argonautes, partis conquérir la mystérieuse Toison d'Or en Colchide, à l'extrémité orientale de la mer Noire, fournissait en abondance les merveilles qui appelaient les machines. Jason et Médée s'y aiment à travers les combats, mais les problèmes de l'intégration du merveilleux au drame s'inspirent moins de *Médée* que des solutions déjà appliquées par la plus récente *Andromède*. Enfin le mariage de Louis XIV en juin 1660 permit à l'éblouissant spectacle qu'est la *Toison d'Or* de s'insérer dans l'actualité et de jouer son rôle dans les manifestations de l'allégresse publique. Pour célébrer cet événement, Corneille fit précéder sa pièce, pourtant déjà longue, d'un Prologue allégorique où l'Hyménée figurait en bonne place.

Œuvre de circonstance, la *Toison d'Or* n'en porte pas moins les marques d'une infatigable imagination. La psychologie, tant sentimentale que politique, y est aussi pénétrante que jamais. Le couple principal, celui de Jason et de Médée, y est doublé par un autre couple aux amours contrariées, et l'on voit parfois affleurer le mécanisme tragique de l'*Andromaque* de Racine. Les idées neuves et ingénieuses ne sont pas rares. Ainsi la froide et sauvage Colchide s'oppose à une Grèce inoubliable, qui, par une sorte de chauvinisme à la fois climatique et culturel, est pour Médée une rivale plus dangereuse que sa rivale. Nullement épuisé par la première tragédie de Corneille, le personnage de Médée est creusé davantage encore. Cette princesse excite en Jason une cruauté qui se retournera plus tard contre elle; elle trahit en s'envolant, par le même mouvement final que dans *Médée;* elle obéit paradoxalement à la dramaturgie de Corneille en ce que le crime qu'elle commet, et dont elle sera punie, est de mettre l'amour à la première place.

Malheureusement, ces idées dramatiques ne sont pas exploitées et sont sacrifiées au spectacle. Étranges amants, Jason et Médée ne cessent de se défier; la pièce montre leur antagonisme, mais non leur amour, indispensable pourtant pour qu'ils puissent s'enfuir ensemble avec la Toison. Trop occupé de machines, Corneille n'a pas écrit la scène de la réconciliation à partir de la haine, qui eût pu être étonnante. Souvent aussi, au moins une fois dans chaque acte, le conflit psychologique, lorsqu'il est poussé assez loin, est suspendu par l'irruption du spectaculaire. C'est celui-ci, en définitive, qui a absorbé la tragédie. Les indications scéniques soulignent longuement et complaisamment la splendeur des décors ainsi que la variété et la nouveauté des « vols » que permet une machinerie élaborée. On voit de nombreux dieux et déesses, de nombreux décors et même un changement à vue. Si les dieux peuvent voler, les héros volent aussi, et le cinquième acte présente un véritable combat aérien dont la Toison d'Or est l'enjeu :

Médée sur un dragon fait fuir deux Argonautes ailés. On n'en avait sans doute jamais tant vu en France.

Sertorius marque dans l'œuvre de Corneille un tournant décisif. L'auteur d'*Œdipe* et de la *Toison d'Or* semble se repentir des concessions qu'il a dû faire pour plaire au nouveau public issu de la Fronde. Il déclare en tout cas en tête de *Sertorius* qu'il a délibérément renoncé aux « agréments » et aux « grâces ». De fait, avec cette tragédie, présentée au Théâtre du Marais en février 1662, ainsi qu'avec la plupart de celles qui la suivront, Corneille s'engage dans la voie d'une austérité que son temps comme le nôtre ont eu du mal à accepter. Le grand public commence à trouver que le poète du *Cid* vieillit et décline. En réalité, Corneille, comblé de gloire populaire, recherche maintenant un autre public, plus restreint et dont les exigences sont autres : celui des hommes d'expérience, plus soucieux de fines analyses politiques ou morales que d'élans passionnels. Les jeunes, qui vont faire le succès de Quinault, puis de Racine, ne peuvent pas aimer la dernière manière de Corneille.

Celle-ci est caractérisée, d'une part par la complexité des intrigues, d'autre part par la subordination de l'amour aux nécessités d'un réalisme social et politique. Un certain mépris de la chair, lié peut-être au renouveau de ferveur chrétienne que connaît alors Corneille, est perceptible dans la série des tragédies qu'inaugure *Sertorius*. Il est de fait que dans la société réelle les hommes pensent en général moins à d'aveugles passions qu'à leurs carrières. Pour les décrire, Corneille fait désormais le plus grand usage de ce qu'il appelle « amour politique ». Le sentiment n'en est pas absent, mais il est au service des intérêts que conçoit et pèse la raison. Sertorius, Viriate, Aristie et même Pompée sont mûs par un amour qui ne peut être défini que comme politique. Par exemple, Sertorius pourrait épouser, soit la reine Viriate, qui lui apporterait les forces de l'armée portugaise, soit Aristie, qui lui amènerait l'appui de l'aristocratie romaine contre Sylla. Dire qu'il est amoureux de Viriate signifie certes qu'il éprouve pour elle un sentiment sincère, mais surtout qu'il préfère la solution militaire à la solution politique. Décevante pour certains, cette conception de la vie fut éclairante pour d'autres : *Sertorius* eut assez de succès pour être joué presque simultanément dans les trois théâtres de Paris.

Cette politisation du sentiment, Corneille en a éprouvé à plusieurs reprises la tentation, et il y cédait déjà, avec plusieurs des conséquences qu'elle entraînera par la suite, dans *la Mort de Pompée*. Comme la Médée de la *Toison* réactivait *Médée,* le Pompée de *Sertorius* retrouve des ressorts qui faisaient l'originalité de *Pompée.* S'il avait vécu en Égypte, le vaincu de Pharsale pouvait y jouer le rôle qui est celui de Sertorius en Espagne. Quand Pompée punit la traîtrise de Perpenna, il retrouve le geste de César confondant Ptolomée. Surtout, les deux tragédies ont en commun de valoriser l'intelligence et la beauté du détail au détriment de l'action d'ensemble.

Malveillant, mais pénétrant, l'abbé d'Aubignac dénonçait, à juste titre, la « polymythie » de *Sertorius.* Il voyait dans la pièce cinq actions distinctes. Il les trouvait exagérément amplifiées par un Corneille « qui souvent d'une mouche nous a fait un éléphant ». De cette complexité il était, ajoutait-il, impossible de faire sortir un dénouement satisfaisant. De fait, l'assassinat de Sertorius, prévu par Perpenna dès la première scène, ne résulte nullement des actions, ni même des hésitations, des personnages beaucoup plus importants qui emplissent le cœur de la pièce. De sorte que l'action, lorsqu'elle se déclenche enfin au cinquième acte, n'illustre que la vanité de l'action. L'amour politique ne peut conduire et ne conduit en fait à aucune décision. Plus l'analyse est approfondie, plus elle pousse à peser indéfiniment le pour et le contre. En période de stabilité, comme celle que connaissaient les Français en 1662, le pouvoir a pour but de conserver, non d'agir. Au troisième acte, Sertorius et Pompée ont une longue et brillante conférence politico-militaire. Elle n'aboutit à rien, non plus que l'entrevue qui suit, plus personnelle, entre Pompée et Aristie. Dans le monde réel, on ne fait pas ce qu'on veut, et le type de tragédie qui décrit ce monde, en présentant des temporisateurs que l'unité de temps somme en vain de se presser, illustre cruellement l'impossibilité d'agir.

Dans ce cadre, novateur par rapport à la conception du théâtre d'action qui s'était affirmée dans la première moitié du XVIIe siècle, peuvent prendre place les méditations les plus libres et les plus instructives sur les sentiments et les idées des hommes. Si l'amour est sans issue, il n'en est pas moins réel et douloureux : Sertorius pousse, modestement, deux soupirs pour Viriate, et une affection véritable unit Aristie à Pompée. Les problèmes de la gloire, de la patrie, de la légitimité du pouvoir, sont évoqués naturellement par la situation politique. Toutefois, leur solution n'est pas en vue : si Rome n'est plus dans Rome, elle n'est pas davantage en Espagne. La guerre civile débouche enfin, comme il était inévitable, sur le problème de la liberté. Au destin individuel qu'interrogeait *Œdipe* s'ajoute ici une dimension politique.

La politique est aussi l'âme de la tragédie suivante, *Sophonisbe.* Enhardi par le succès de *Sertorius,* Corneille a voulu, malgré les dangers évidents que suscitait la comparaison, appliquer sa nouvelle conception du tragique à un sujet illustré naguère par le chef-d'œuvre de Mairet ; la *Sophonisbe* de celui-ci reste une des plus belles et des plus émouvantes tragédies du XVIIe siècle, et était effectivement considérée comme telle en 1663. Par sa nouvelle *Sophonisbe,* Corneille a démontré qu'on peut traiter politiquement un célèbre sujet de passion ; il a tenu la gageure de refaire sans amour un sujet d'amour. La froideur de sa pièce est volontaire.

Pour réussir ce paradoxe, il commence par éliminer de ce sujet dramatique toute action. C'est dans le premier entr'acte qu'ont lieu la bataille où Syphax est fait prisonnier, l'entrée de Massinisse dans la ville, ses entrevues avec Éryxe et Sophonisbe ; le mariage de Sophonisbe et de Massinisse se place dans le deuxième ; quant aux antagonismes rendus inoubliables par Mairet, la confrontation de Massinisse vainqueur et de Sophonisbe vaincue qui se termine par leur amour, et la révolte finale de Massinisse contre les Romains, Corneille les a sagement supprimés. Il reprend les mêmes événements en refusant à l'amour toute place importante dans les motivations. C'est une leçon adressée à ceux que l'avis *Au Lecteur* appelle ironiquement « nos délicats ». Sa *Sophonisbe* est une véritable démystification de l'amour. Ce sentiment n'y apparaît guère que pour être rabaissé, énergiquement nié, ou bien utilisé comme moyen pour une fin procurant le pouvoir ou la gloire. A la passion est substituée une politique, d'ailleurs admirable de lucidité. Le jeu en est complexe, puisque cinq intérêts s'y affrontent : Syphax et Massinisse s'y disputent la Numidie, Éryxe défend la Gétulie où elle règne, mais les vraies puissances sont Carthage et surtout Rome ; par la bouche de Sophonisbe, Carthage parle d'ailleurs aussi impérieusement que Rome elle-même. La hauteur de Sophonisbe ne s'explique pas seulement par son origine carthaginoise et par la rigidité de ses convictions monarchiques : seule de tous les personnages, Sophonisbe est parfaitement libre, parce qu'elle n'a aucune responsabilité politique ; elle ferait tout pour Carthage sa patrie, mais n'y a aucune fonction ; elle vit à Cyrthe, mais c'est Syphax qui y règne ; Massinisse aussi sera pour elle un simple instrument. Cette façon de poser les problèmes amène Corneille à donner de tous les principaux personnages des images radicalement différentes de celles de Mairet.

Celui-ci faisait mourir Syphax pour éviter à Sophonisbe l'embarras d'avoir deux maris. Corneille le conserve, en soulignant son âge et sa servilité amoureuse. Mais c'est cette dernière qui joue, dans cette tragédie contre l'amour, le rôle essentiel. Puisque Sophonisbe domine l'amour, il n'était pas utile que Syphax soit vieux. Son âge est presque aussi inutile à l'intrigue que l'était celui de Sertorius. En fait, il n'est souligné que pour rendre croyable que l'amour soit politique. Quand Syphax allègue sa vieillesse, il ne fait que rejeter sur elle une responsabilité qui appartient réellement à son impuissance à être vraiment roi. Son tort essentiel est de céder à Sophonisbe, non parce qu'elle a raison, mais parce qu'il l'aime. Il sert à montrer la vanité et même le danger de l'amour qui n'est qu'amour.

Plus jeune, Massinisse n'est pas moins esclave. Il se soumet, il pleure. Il va jusqu'à imaginer et à appeler de ses vœux une entrevue où Sophonisbe séduirait Scipion comme elle l'a séduit. Il refuse de voir la seule issue que lui laisse la gloire : la mort. Au contraire, le dénouement implique qu'il acceptera bientôt d'épouser Éryxe. Cette reine, toute d'invention, montre combien la dramaturgie cornélienne est accueillante aux personnages latéraux. Inutile sur le plan du sentiment, Éryxe sert surtout à exciter l'ambition politique de Sophonisbe et à amener avec elle plusieurs scènes d'amère rivalité.

L'étrange tragédie est dominée par la figure de Sophonisbe. Plus fière, plus exigeante et même plus masculine que tous les hommes qui l'entourent, elle est perdue par leurs faiblesses, indignes des titres royaux dont ils se parent. Sa dureté repose sur deux principes constants: elle refuse l'esclavage du sensible, ne consentant dans de brefs moments qu'un rôle modeste et subordonné à l'amour qu'elle éprouve, et elle revendique avec force, au prix de sa vie s'il en est besoin, l'autonomie royale comme valeur suprême. Devant la puissance romaine et la médiocrité de ses deux maris, il n'est pas étonnant qu'elle aboutisse à un désespoir profond et à une mort qui, dans la perspective monarchique de la gloire, apparaît comme une apothéose, admirée par les Romains eux-mêmes.

Othon pousse la même recherche plus loin encore. La succession du vieil empereur Galba est l'enjeu de la tragédie. Deux prétendants sont possibles : Othon, que l'amour attache à Plautine, et Pison, d'illustre noblesse. Trois conseillers de Galba, Vinius, Lacus et Martian, manœuvrent pour que le futur empereur soit à leur dévotion. Camille, nièce de Galba, aime Othon et apparaît comme une impératrice possible. Toutes ces influences se neutralisent mutuellement et permettent une complexité presque infinie, d'autant, comme la pièce le révèle progressivement, que tout mariage n'apporte pas nécessairement l'empire, qu'après avoir obtenu le profit espéré on peut toujours divorcer, et que l'armée enfin présente des possibilités permanentes d'intervention. Avec des éléments si nombreux, c'est un ordinateur qu'il faudrait pour traiter exhaustivement la totalité du matériel tragique. Corneille n'a retenu qu'une combinatoire relativement restreinte, qui lui permet pourtant de proposer sérieusement, et à plusieurs reprises selon les moments de la tragédie, cinq mariages distincts : Othon-Plautine, Othon-Camille, Martian-Plautine, Pison-Camille, Pison-Plautine. Tous restent à l'état de projets.

Ce n'est pas faute d'amour. S'il faut en croire ses paroles, le sentiment d'Othon pour Plautine est sincère et constant. Il ne parvient toutefois pas à s'imposer aux forces adverses ; il a simplement la chance que les événements finissent par se disposer en sa faveur. Ainsi est réalisée une étape de plus, par rapport à *Sophonisbe,* dans l'approfondissement de la notion d'amour politique. Ce ressort, loin d'être refusé, est ici éprouvé comme sensible. Mais l'amour a beau être vécu, il se révèle, dans un monde entièrement politisé, comme inutile. La frustration des héros en devient sans doute pire. Pour pouvoir survivre dans ce monde, Othon est contraint à l'habileté. Sa conduite peut donc aussi bien être interprétée comme « fausse perfidie », ainsi qu'il le proclame lui-même, que comme la fausse vertu qu'on lui a parfois reprochée.

Ceux qui l'ont fait n'ont pas bien compris les règles cruelles du jeu impérial auxquelles il doit se soumettre. A la cour, l'amour s'incline devant le pouvoir, tout est artifice, l'art de feindre est et doit être si parfait que la vérité est indiscernable de l'erreur. Sur ce terrain miné tous se meuvent de la même façon, et, dans un monde plein, rien n'est finalement possible : tout projet, dès qu'il est connu, excite l'opposition efficace d'autrui. Corneille décrit fort bien sa pièce comme un ensemble d' « intrigues de cabinet qui se détruisent les unes les autres ». Après cette destruction nécessaire, la solution ne peut venir que de l'extérieur du cabinet. Mais dans le conflit des intrigues, tout succès, observé par autrui, est un danger, et un danger mortel. Il s'agit donc de bien plus que de projets de mariage. A chaque mot qu'on dit ou qu'on ne dit pas, la mort vous guette. La situation rend impossibles, non seulement l'amour, mais la gloire même ; en quoi, là aussi, elle va plus loin que celle de *Sophonisbe.*

Ligotés les uns par les autres, les personnages ne peuvent plus agir d'eux-mêmes. Les quatre premiers actes ne sont qu'un ensemble nul d'actions et de réactions. Avec ce faux calme contrastent fortement les coups de théâtre du cinquième. Le coup d'État militaire est effectivement la seule façon de sortir de la stagnation politique qui s'est installée. Mais, par un paradoxe qui définit l'Empire romain en même temps qu'il limite davantage encore la liberté des personnages, les militaires et les politiques sont les mêmes personnes.

Agésilas, qui succède à *Othon,* semble en différer profondément. La pièce nouvelle est précédée d'un bref avis *Au Lecteur* qui fait l'éloge de la nouveauté, sans dire où il faut la trouver. Sans doute s'agit-il d'une réconciliation originale entre amour et politique. Les pièces précédentes subordonnaient durement le premier à la seconde. Dans *Agésilas,* l'équilibre, au moins quantitatif, est inverse. Les deux premiers actes ne contiennent presque rien de vraiment politique. Quand Mandane, dont le nom vient de Mademoiselle de Scudéry, envisage le problème, elle sait que l'amour politique peut s'imposer à elle, elle évoque même la solution stoïcienne du refus d'aimer, mais son réalisme politique ne l'empêche pas d'exalter l'amour avec chaleur. C'est le roi Agésilas qui expose le mieux la nouvelle position cornélienne. Il ne paraît que dans les actes III et V, mais y fait preuve à la fois de majesté vraie et de sensibilité. Sa lucidité lui permet de comprendre et de résoudre habilement le grave problème que lui pose son sujet trop puissant, Lysander. Mais la conspiration de ce général l'occupe moins que les nombreux projets sentimentaux qui dépendent de lui. Il éprouve l'amour avec force, mais parvient à le dominer. Ainsi, mieux qu'Othon, il peut être l'image idéalisée de Louis XIV. Il sacrifie son attirance pour la Persane Mandane au nationalisme politique dont il est le gardien, et la générosité de la princesse entraîne la sienne. Le thème de Bérénice apparaît ici. Racine ne manquera pas de s'en souvenir. Ce sont donc les sentiments qui dans *Agésilas* sont créateurs, et l'amour politique, par un retournement qui aboutira à *Suréna,* perd les privilèges qui étaient naguère les siens.

Pourtant, la structure de l'action est comparable à celle d'*Othon,* les relations entre les nombreux personnages, dont aucun ne possède la totalité du pouvoir, sont aussi complexes, et les dangers que courent les plus exposés d'entre eux sont fort réels. Si Lysander est disgracié, ce peut être la prison, l'exil ou la mort. Si les Persans réfugiés et qui ont cru choisir la liberté sont extradés, ce sera à coup sûr, pour le prince l'exécution, pour la princesse la honte du harem. Mais la terrible dialectique de la puissance qu'illustrait *Othon* est ici fort atténuée; elle ne joue qu'en sourdine; les projets sont les mêmes, mais ils ne sont évoqués qu'avec un certain sourire. C'est que les problèmes d'*Agésilas* sont solubles, et solubles par l'amour. Ainsi à la pièce noire qu'est *Othon* peut succéder une pièce rose qui donne à des événements semblables un acheminement opposé. Les personnages d'*Agésilas* échappent au drame en usant constamment et avec la plus grande souplesse du troc sentimental. Peu à peu, avec une obstination que la vie récompense, les sentiments finissent par se satisfaire et les couples heureux par se former. Même Agésilas, qui s'est sacrifié en renonçant à sa Persane, épouse une jeune fille qu'il aimait, si l'on ose dire, en deuxième choix. L'amour n'est plus humilié.

La pièce est appelée « tragédie », peut-être par une « bravade » semblable à celle que revendiquait l'*Examen* de *Clitandre :* Corneille a pu vouloir montrer qu'il traitait l'amour dans un contexte politique mieux que les « délicats » à la mode. En fait, *Agésilas* est plutôt une sorte d'anti-tragédie, où les parallélismes et les échanges des cœurs introduisent des accents de comédie. Le ton, fréquemment badin malgré la tension des intérêts opposés, a pu faire penser à celui de Stendhal. Sa légèreté est soulignée par la versification, elle aussi exceptionnelle : des octosyllabes s'y enlaçant aux alexandrins créent un rythme modestement varié. A lui seul, ce ton est déjà un rapprochement avec Molière, dont la troupe va créer *Attila.*

Aux pièces précédentes, sortes de parties d'échecs plus ingénieuses qu'émouvantes s'oppose avec force la tragédie d'*Attila,* simple, claire et puissante. Le contraste est bien marqué par l'épigramme célèbre de Boileau :

> Après *Agésilas,*
> Hélas !
> Mais après *Attila,*
> Holà !

où il semble bien qu'à l'origine le Holà signifiait : Halte aux critiques contre Corneille. En raison du choix du personnage principal, la pièce exalte l'habileté militaire et politique et peut passer pour la transfiguration esthétique du soutien idéologique que Corneille apporte alors à la politique belliqueuse de Louis XIV. Elle exalte aussi la cruauté et même le sadisme du barbare qui sut pousser la barbarie jusqu'à un sommet. Au demeurant, Attila, dans ses pires excès, n'est qu'un instrument de Dieu, et il est, lorsqu'il le proclame, en plein accord avec l'orthodoxie chrétienne du XVIIe siècle.

Les principaux thèmes qui animaient les tragédies précédentes sont repris dans *Attila,* mais dans un esprit de dérision des efforts humains. L'amour politique n'est plus la solution estimable qu'il croyait être naguère. A deux reprises, la pièce l'oppose à l'amour véritable, et il est en fait impuissant devant la terrible politique d'Attila. Les deux ordres, celui du sentiment et celui de la société, ne communiquent plus. Seul Attila, et pour narguer ses victimes, ose faire une théorie de l'amour politique qui, en passant par sa bouche, est fortement déconsidérée. Le thème du roi est souvent évoqué, mais bien mal représenté par les personnages. Les deux rois qui entourent Attila sont considérés avec hauteur et mépris, moins vassaux qu'esclaves. Ils sont traités plus mal encore que jadis les petits monarques orientaux par Rome ; mais Rome restait dans une large mesure une abstraction, et Attila est redoutablement présent. La pièce commence par une véritable gifle à la monarchie. Attila n'humilie pas seulement les deux rois présents, mais aussi, indirectement, ceux qui règnent à Rome et en Gaule et dont les sœurs sont venues jusqu'à son camp danubien, espérant l'une et l'autre l'épouser. Voulant faire prévoir en Mérovée la grandeur de Louis XIV, Corneille compense par de vibrants et transparents éloges du roi franc. Mais pour les autres rois, la dégénérescence est générale ; les uns sont superstitieux, les autres maladroits, criminels ou faibles, tous dépourvus de noblesse véritable. Les sœurs des rois ne méritent guère plus d'estime : Ildione refuse explicitement la morale de la gloire, et Honorie tente à la fin de faire chanter le pauvre capitaine qui voulait l'aider. Théodose, qui décida la division entre Empire d'Orient et Empire d'Occident, est regretté comme symbole d'un passé encore prestigieux et déjà lointain. C'est dire que le temps d'*Attila* est celui d'une décadence dans la décadence.

Si les victimes d'Attila n'inspirent point de pitié, leur bourreau est fait pour provoquer la terreur. L'Attila de Corneille est une création extraordinaire, une des rares que nous puissions comparer aux grands monstres de Shakespeare. Plus intelligent que brave, plus féroce que fier, en réalité indécis, craintif, superstitieux, soupçonneux, perfide, cruel et traître, il applique avant la lettre le principe de Machiavel : diviser pour régner. Sa diplomatie diabolique lui permet souvent d'éviter les affrontements militaires. Il oppose, démoralise, paralyse ses adversaires par une véritable guerre psychologique. Dénué de tout scrupule moral, il n'obéit qu'à son cynisme ou à son caprice. Il est un tyran, et tyrannise, non seulement les hommes ordinaires, mais les rois eux-mêmes. Qu'il puisse ainsi y avoir des sur-rois et des sous-rois est impensable au XVIIe siècle. La définition même d'Attila est un scandale. Sa vilenie est contagieuse. Il prête aux autres sa perfidie. Il tente toujours de faire faire par autrui ce qu'il ne veut pas faire lui-même. Mais pour lui, il revendique âprement sa liberté, par une démarche qui était comique chez l'Alidor de *la Place Royale* et qui devient ici tragique. La grande délibération de la deuxième scène donne la mesure de sa fausseté. Il demande à ses deux rois s'il doit s'allier à l'Empire romain déclinant ou à la France dont on prévoit la grandeur future. Les vastes opérations militaires évoquées à ce propos sont un peu les guerres de Picrochole. Mais surtout, la discussion apparaît comme truquée du fait qu'Attila a prévenu qu'il ne voulait que mettre les rois dans leur tort, et que ceux-ci révèlent ensuite qu'ils n'ont obéi qu'à leurs intérêts personnels. Prince de la mauvaise foi, champion de la malhonnêteté intellectuelle, le roi des Huns est aussi incomparablement plus intelligent que ses adversaires, et les a tous mis dans l'impossibilité de lui résister. Le seul rapport possible avec lui est la violence. Ildione, qu'il aime, car il se permet le luxe, aux pires moments, d'être sensible, compte le tuer après l'avoir épousé ; Corneille lui épargnera cette peine. La stature d'Attila est telle qu'elle risque de

déséquilibrer la pièce, car les scènes où il ne paraît pas ont naturellement moins de relief que les siennes.

Mécontent de l'Hôtel de Bourgogne qui avait mal défendu son
Agésilas, Corneille vendit à la troupe de Molière le droit de jouer
Attila, pour 2 000 francs, ce qui semble avoir été en 1667 une somme
assez considérable. Tragédie originale et même percutante, sa pièce
comportait en outre, par la puissance du personnage principal, un très
grand rôle de théâtre. Malheureusement, l'interprétation ne fut sans
doute pas à la hauteur de la conception. Molière à cette époque avait
cessé de jouer des rôles tragiques. Mais le fait que les contemporains
ne nous aient pas fait savoir qui, dans sa troupe, avait incarné Attila,
peut faire penser que la représentation n'avait pas eu tout l'éclat dont
elle était susceptible.

Centrée sur un personnage fascinant, la tragédie n'en est pas moins
construite avec rigueur. Elle se situe dans un espace fermé, gardé,
surveillé, où l'on ne peut entrer ni sortir sans l'aveu du maître. Ce sera
le huis clos de *Suréna* et celui de *Bajazet.* Elle développe son action par
l'exploitation systématique et impitoyable d'un principe de symétrie.
En traitant pareillement les deux rois, Attila leur tend un piège, auquel
ils répondent par une symétrie égale. Lorsqu'ils sont seuls, leur parallélisme devient inextricable et presque comique; il est souligné à la fin
du premier acte par la forme stichomythique. Au deuxième, c'est sur
les femmes que la symétrie exerce ses ravages. Elle est rompue au
troisième par un événement qui peut paraître fortuit, bien que télé-
guidé par Attila, le meurtre d'Aétius par Valentinian. Il libère le
chemin du pouvoir à Rome; Attila penche donc pour la Romaine
Honorie. Il conserve toutefois l'habitude de l'équilibre et voudrait
qu'un autre, Octar ou Ildione, agisse pour lui. Dès qu'on lui résiste,
il retrouve en la symétrie son arme favorite : il impose à chacune des
princesses ce qu'elle demandait pour l'autre. Il arrive ainsi à retrouver,
mais en les fondant sur des analyses politiques, les propositions de
Rodogune. Il faudrait tuer pour être récompensé. Mais ces offres sont
en réalité des duperies, car Attila compte faire tuer le bourreau après
la victime. Le cinquième acte progresse de plus en plus dans l'horreur,
sans jamais abandonner le principe dont la fonction est d'éliminer les
adversaires les uns par les autres.

Une telle action, suspendue à la toute-puissance d'Attila et à
son constant usage d'une symétrie mortelle, ne peut aboutir à un
dénouement qui en soit vraiment la conséquence. Attila meurt d'une
hémorragie, dont le dernier récit apporte la description, noble et
réaliste à la fois. Mais Corneille a eu soin de préparer et de justifier
cet accident pour en montrer la nécessité véritable : Attila est un violent,
sujet à des pertes de sang quotidiennes que provoque sa colère. Or, la

résistance de ses antagonistes le met de plus en plus en colère. Ce sang n'est pas seulement le symbole d'une cruauté frénétique. Il met aussi sa coquetterie à respecter à sa manière l'unité d'action.

Corneille a sans doute éprouvé de l'amertume à constater que son *Attila* n'avait pas été suivi par un plus vaste public. Pendant quelque temps, comme après *Pertharite,* il va s'éloigner du théâtre. Cette seconde retraite, qui, pas plus que la première, ne sera définitive, dure trois ans. Elle est occupée par des poésies religieuses, des louanges du roi, des traductions. Pendant ce temps, Racine s'impose. *Andromaque* fait acclamer une esthétique nouvelle et *Britannicus* prouve qu'elle n'est pas incompatible avec une analyse acérée des événements historiques et des motivations politiques. Quand Corneille revient au théâtre, son *Tite et Bérénice* se trouve en concurrence avec la *Bérénice* de son jeune rival. Personne ne croit plus sérieusement qu'Henriette d'Angleterre ait suggéré séparément le même sujet à Corneille et à Racine pour établir entre eux une sorte de concours. L'un des deux poètes, et il est malaisé de savoir lequel, a voulu, en prenant le sujet sur lequel l'autre travaillait, cette rivalité, conforme d'ailleurs aux usages du temps. Pour Corneille, la lutte avec Racine a dû jouer le rôle d'un défi, qu'il a relevé, voire d'un excitant, comme naguère, à l'époque d'*Œdipe,* les ordres de Fouquet. Il n'a pas craint d'opposer à la primauté racinienne de la passion un traitement plus intellectualisé et plus austère des mêmes événements; son attitude vis-à-vis de la *Sophonisbe* de Mairet avait été la même. Pour nous, la ressemblance des sujets et l'éclat incomparable de la tragédie de Racine rendent difficile un jugement équitable de la pièce de Corneille.

Celle-ci a été jouée par la troupe de Molière, qui l'a payée 2 000 francs, comme *Attila.* Le succès n'en a été que moyen. Peut-être pour s'épargner le chagrin de le commenter, Corneille, en publiant son œuvre, renonce à la présenter : c'est la seule de ses pièces qui ne soit pas précédée d'un avis *Au Lecteur.* A mon sens, *Tite et Bérénice* est la moins bonne pièce de Corneille. Il est instructif de chercher à comprendre pourquoi.

Aux deux personnages indispensables dont les noms figurent dans le titre, Corneille en a ajouté deux autres, Domitian, frère cadet de Tite et qui lui succèdera comme empereur, et Domitie, qu'il aime et dont il est aimé. Cette duplication, fréquente chez lui, a dû lui paraître de nature à permettre les jeux de symétrie dont il avait fait un usage si efficace dans *Attila,* et en particulier à faire agir sur Tite le ressort de la jalousie. Malheureusement, le mariage entre Domitian et Bérénice, conséquence logique de ce jeu et envisagé à plusieurs reprises, est dépourvu de toute crédibilité. Domitie, qui aime l'Empire plus que n'importe quel homme, ne peut pas plus choisir, quand elle en est sommée, entre Tite et Domitian que Célimène entre Alceste et Oronte dans le *Misanthrope,* dont Corneille s'est peut-être ici souvenu. L'alour-dissement de l'intrigue ne comporte donc pas d'avantages réels.

Il en est de même pour l'idéologie amère que Corneille et bien d'autres ont admirée dans les *Maximes* de La Rochefoucauld, qui, publiées en 1665, ont eu un retentissement considérable dans toute la partie du public qui mettait au premier plan la politique et la morale. La théorie de l'amour-propre est destructrice, et sonne le glas de celle de la gloire. Lorsqu'on scrute avec ce réalisme le monde contemporain, on s'aperçoit que l'idéal de gloire n'y existe plus. Des personnages dominés par un amour politique qui ne se fonde ni sur un sentiment vrai ni sur un idéal véritable ne peuvent entraîner l'adhésion. Par réalisme, Corneille a cessé d'être cornélien. Paradoxalement, le Titus de Racine l'est davantage. Le thème de l'amour politique, s'il est assez exclusif pour ne plus reposer sur une grandeur d'âme véritable, n'est plus que vide et mensonge. C'est ce qui apparaît dans *Tite et Bérénice.*

Les personnages de la pièce sont en effet, à la lumière même des enseignements de Corneille, d'une remarquable médiocrité. Tite est constamment indécis, parfois superstitieux; il n'ose pas se servir du pouvoir et craint le Sénat, qui d'ailleurs manque lui aussi à sa mission; sa mélancolie fait prévoir celle de Suréna, mais ne s'appuie sur aucun sentiment de gloire. Bérénice n'est que calcul. La destruction même de sa patrie n'a été pour elle qu'un moyen par lequel elle espère accéder à l'Empire. Son amour est tout politique et, comme elle le souligne, c'est la « raison » qui l'emporte à la fin. Politique également le projet de mariage entre Tite et Domitie, ainsi que l'amour de Domitie et de Domitian. La jeune fille n'a aimé le prince qu'à défaut de Tite; celui-ci a eu deux torts : être absent, et aimer Bérénice. Domitian le comprend, ce qui rend parfois les discussions assez sordides. A défaut de sincérité et de grandeur, les personnages ont du moins de la lucidité.

Pendant que sa compagnie jouait *Tite et Bérénice,* Molière reçut du Roi l'ordre de monter au plus vite la tragédie-ballet de *Psyché.* Vu l'urgence, Corneille accepta de rédiger pour lui la plus grande partie de cette pièce, dont le plan et le contenu étaient déjà fixés. *Psyché* figure dans l'édition du Club du Livre des *Œuvres complètes* de Molière. La contribution de Corneille à cette œuvre composite est d'une grande sensibilité poétique.

Mais pour sa pièce suivante, *Pulchérie,* Corneille ne put s'entendre ni avec Molière ni avec l'Hôtel de Bourgogne. Il dut se contenter du

Théâtre du Marais, qui était alors en pleine décadence et disparaîtra quelques mois plus tard. Faisant contre mauvaise fortune bon cœur, l'avis *Au Lecteur* se déclare satisfait de la représentation. Comme *Tite et Bérénice*, *Pulchérie* est appelée « comédie héroïque », parce que, malgré la gravité des problèmes soulevés, le dénouement n'est ni sanglant ni tragique. C'est aussi le même mécanisme qui est à l'œuvre. Constitué, en apparence seulement, par des projets de mariage, mais qui impliquent des conceptions morales et politiques, il fonctionne avec souplesse et est animé par une inspiration plus élevée que celle de *Tite et Bérénice*. Le problème de Pulchérie, particulièrement au cinquième acte, est celui de Bérénice, mais son amour politique est d'une bien meilleure qualité, en ce que, d'une part, il recouvre un sentiment véritable, bien que distinct de l'entraînement des sens, et d'autre part il a pour objectif un idéal qui ne coïncide pas nécessairement avec l'intérêt personnel et se propose comme valeur suprême l'intérêt de l'État. C'est dire que la gloire, obnubilée naguère par un réalisme cruel, reprend son pouvoir. Comme le Titus de Racine, Pulchérie sait régner sur elle-même, en immolant son bonheur personnel. Martian, lui aussi, proclame et prouve que le véritable amour n'est point intéressé. Moins expert à le définir, le jeune Léon, parfois naïf, n'en possède pas moins également la vertu de désintéressement. Seul le venimeux Aspar machine et complote. Il en est puni en paraissant à la fin la dupe de la journée. On peut même se demander dans quelle mesure une gloire si absente de la pièce précédente et ici si rayonnante ne serait pas d'origine chrétienne. *Pulchérie* illustre méthodiquement la parole évangélique qui promet le salut à qui veut se perdre et la perte à qui veut se sauver. C'est peut-être pourquoi l'action est située dans ce cinquième siècle où le christianisme, bien qu'il ne soit jamais évoqué, règne dans l'Empire.

Une autre originalité de *Pulchérie* est le développement de la psychologie amoureuse du vieillard. Généralement absente du théâtre contemporain, elle préoccupe Corneille depuis *Sertorius*. Ici, Martian, plus vieilli que ne l'exigeait l'histoire, aime Pulchérie avec une chaleur que l'intrigue ne nécessite en rien. Des scènes émouvantes et originales en découlent. Cet amour sans espoir est longuement et finement analysé. Martian et sa fille se font des confidences amoureuses réciproques, fort discrètes et d'un charme voilé. Retournement de la perspective du *Cid*, cet intérêt pour la vieillesse a aussi comme conséquence de permettre à Pulchérie de continuer en fait à exercer le pouvoir qui est le sien depuis quinze ans déjà.

Car le réalisme n'est nullement éliminé par l'idéalisme dans *Pulchérie*. L'un et l'autre dictent la conduite de l'héroïne. Celle-ci scande l'action par ses décisions, qui, bien qu'imprévues, apparaissent comme justes et conformes à l'attente générale. Elle a raison de vouloir que Léon, plutôt qu'elle, soit nommé Empereur, raison de refuser de l'épouser, raison de se lier à Martian par un mariage blanc, raison de préparer Léon à régner plus tard. Elle a même trop raison pour que la pièce ne souffre pas de son infaillibilité. *Pulchérie* est presque une démonstration, presque un théorème. Corneille s'y est raidi dans une formule anti-racinienne dont il affirme l'inopportunité en tête de la pièce : il va « contre le goût du temps », contre les « entêtements du siècle ». Il veut cette direction solitaire.

Par sa dernière œuvre dramatique, *Suréna,* qui est l'une des plus belles et des plus étranges qu'il ait jamais écrites, Corneille revient au genre de la tragédie, qu'il avait délaissé depuis *Attila,* plus de sept ans auparavant. Pendant ce long intervalle, Racine a affirmé sa maîtrise et la mort de Molière a entraîné un reclassement général des théâtres parisiens. Dans le nouveau et dernier combat qui va se livrer entre les deux grands tragiques, c'est *Iphigénie,* déjà l'avant-dernière pièce profane de Racine, qui va s'opposer à *Suréna.* La première arme de Corneille est la rigueur des moyens. *Suréna* évite tout mouvement inutile et, ne se divisant qu'en dix-huit scènes, est la moins découpée de toutes les œuvres de Corneille. Le lieu n'y est pas seulement, comme il l'est souvent, un palais. Ce palais est hermétiquement isolé du monde extérieur. Aucune opinion publique, aucune émotion populaire, n'y parviennent jamais. Il est le lieu de conflits définis avec une concision aussi impitoyable que l'espace qui les entoure. Comme toutes les grandes pièces, *Suréna* pose des problèmes qui sont loin d'être simples et dont chacun peut admettre plusieurs solutions, celles qu'imaginent les personnages et celles qu'un spectateur lucide peut inventer. A l'époque du suprême épanouissement du classicisme français, cette ultime tragédie cornélienne est à la fois aussi précise et aussi énigmatique qu'un nô japonais.

Réprimé depuis longtemps, l'amour triomphe dans *Suréna ;* mais il ne triomphe que par la mort, parce que l'invasion de sentiments ardents dans l'œuvre du poète de soixante-huit ans, ébranlé peut-être par un intérêt jamais avoué pour les créations de son jeune rival, n'empêche en rien la soumission à un réalisme politique plus cruel que jamais. Impuissant, sans issue, inefficace, l'amour n'en est pas moins, pour les héros de *Suréna,* la valeur suprême. Condamnée par le pouvoir, inutile dans le contexte politique, et même dangereuse, la tendresse illumine toute l'œuvre d'une flamme nouvelle. La pudeur de l'expression ne laisse pas de transmettre un message fort clair. Entre ceux qui s'aiment, le dialogue est brûlant de passion contenue. L'amour réciproque de Suréna et d'Eurydice ne peut s'affirmer que par la poésie, non par la réalité. Toute satisfaction leur étant refusée, Corneille crée en Palmis, sœur de Suréna, un personnage qui n'est pas seulement un intermédiaire, mais un substitut. Il y a sur la sœur un transfert très hardi de sentiments, d'émotivité, d'intimité et même de sensualité. Opprimé par l'ordre politique, l'ordre amoureux revendique néanmoins toute son autonomie. Le thème ancien de la grandeur d'âme n'est pas abandonné. Il est modernisé, en ce que l'idéal moral domine, avec peine, l'effervescence du sentiment qui reste pleinement visible. Trop bien cachées dans *Tite et Bérénice,* dont *Suréna* reprend en partie la situation, les émotions peuvent ici s'épanouir. Mais elles ne produisent aucun résultat réel. Même si les héros consentaient à l'avilissement amoureux, cette démission ne les protégerait pas de l'échec politique, donc de la mort.

Suréna abandonne ainsi la tentative machiavélienne de mettre l'amour au service de la politique. Le pouvoir triomphe sans lutte du sentiment. Il l'immole en silence, par une sorte de nécessité naturelle. Le poids de la politique n'est ni nié ni soulevé; il est supporté. Le drame à ce niveau est aussi élevé qu'au niveau de l'amour. Fidèle à lui-même plus qu'à la vie, le sentiment s'affirmait sans espoir. De même, le pouvoir politique remplit son cruel devoir. Celui-ci consiste, pour un roi inquiet devant un sujet trop puissant, à qui il doit tout, et même son trône, à faire cesser cette situation scandaleuse. Orode veut donc s'attacher Suréna en lui faisant épouser sa fille; s'il refuse parce qu'il en aime une autre, il mourra. Orode n'est pas plus méchant ni plus perfide qu'il ne faut. Il est même sincère. Mais la situation exige de lui cet effort, dont le caractère suicidaire ne lui échappe d'ailleurs pas. Des solutions moins injustes étaient peut-être possibles. *Le Cid* ou *Nicomède* les laissaient entrevoir. Toutefois, Suréna est plus dangereux que ses prédécesseurs en ce qu'il refuse tout accommodement.

De politique, le problème devient donc militaire. Exilé, Suréna retrouverait les dix mille hommes de sa garde privée, véritable armée. On a su le faire entrer, seul, dans le palais dont il ne ressortira pas. Par une ruse semblable, Athalie sera attirée dans le Temple des Juifs. La mort du personnage devient une nécessité militaire urgente. Pour ne pas en noircir inutilement la figure du roi, Corneille suggère qu'un courtisan, sachant qu'il ne serait pas désavoué, a pu lancer la flèche fatale. Mais alors, qu'on ne vienne plus nous parler de « gloire »! Ni Orode ni Suréna ne se réfèrent à cet idéal dépassé. Ils en dénoncent au contraire le mensonge. Ce n'est pas Valéry, c'est Corneille qui a renvoyé parmi les imaginaires la « si froide et vaine éternité ». Dans cette situation nouvelle s'écroulent les fondements éthiques du théâtre cornélien.

Que peuvent faire des personnages si désemparés ? Toute initiative, toute parole, et même une simple question, est dangereuse. La curiosité punie était déjà le thème de la *Psyché* que Corneille avait versifiée. Quand Eurydice conseille à Suréna la résistance, quand Pacorus veut savoir qui aime Eurydice, ils prennent des décisions qui se retournent contre eux et hâtent le dénouement du drame. Comme *Phèdre* un peu plus tard, *Suréna* démontre la nocivité du langage. Mais se taire n'est pas une meilleure solution que parler, et Suréna meurt parce qu'il ne dit rien. L'effusion qui parlera sans parler n'est autre que la poésie. De fait, *Suréna* abonde en beautés poétiques neuves. La versification y est d'une rare souplesse. Les rejets y sont exceptionnellement nombreux. A l'éloquence des tirades est substitué un rythme de discussion serrée, réticente, avec des nonchalances, de feints oublis, des attaques rapides, comme dans la vie. Parfois même, la vengeance s'exprime par un sadisme sentimental d'une liberté et d'une modernité étonnantes.

Mais quand tout est dit, il faut mourir. Le drame sentimental et le drame politique convergent vers la même solution. Que Suréna soit tué par le roi ou qu'il meure de désespoir pour avoir accepté un mariage dynastique, la mort est au bout de toutes les avenues. Dans les tragédies d'un Corneille plus jeune, elle n'était qu'une menace, parfois écartée. Elle est maintenant inéluctable. Aussi la tragédie, dès son premier acte, est-elle un hymne funèbre. Les personnages ne luttent plus. Ils chantent l'acceptation de la mort. Il est évident qu'une conception si radicale ensevelit la tragédie sous sa propre ruine. Deux ans plus tard, la *Phèdre* de Racine, avec des moyens différents, sonnera un glas analogue. L'évolution aboutit à une sorte de monstre admirable sans postérité possible.

Du parti pris esthétique affirmé par *Suréna* découlent les caractéristiques techniques de la pièce. Elles sont, comme il fallait s'y attendre, à la fois négatives et exceptionnelles. Le temps, qui a la réputation d'arranger les choses, ne peut ici que les aggraver. Ne pouvant changer, la situation ne fait qu'envenimer les haines. En effet, il n'y a point d'action véritable dans *Suréna*. Les héros y sont aussi passifs que dans une tragédie du XVIᵉ siècle. A proprement parler, Suréna ni Eurydice ne font rien, parce qu'ils ne peuvent rien faire. Une mélancolie universalisée noie toute initiative, dénoncée d'avance comme inutile. L'immobilisme des héros fait que l'action ne peut venir que de l'extérieur : leurs ennemis agissent contre eux. Cette action ne peut être qu'un meurtre et ne peut donc se situer qu'au dernier acte, dont l'attente est longuement savourée dans l'angoisse. Comme dans *Rodogune,* le dénouement a nécessairement un primat ontologique.

Cette originalité structurelle lui permet d'avoir une grande efficacité tragique, par laquelle la tradition est largement dépassée. Loin de viser à un effet de surprise, le dénouement de *Suréna* tire toute sa force du fait qu'il est prévu et implacable. La mort du héros est annoncée, prédite, tenue pour inévitable par tous les personnages raisonnables depuis le début du quatrième acte. Pendant que Suréna est tué, Palmis essaie encore de convaincre Eurydice de prononcer, avant qu'il ne soit trop tard, le mot qui pourrait le sauver ; les ressorts de cette scène sont à la fois dramatiques et tragiques. Eurydice cède trop tard, donc en vain. Il ne reste plus qu'à annoncer la mort du héros. Cinq vers y suffisent, parce que l'émotion ordinairement dispensée par les récits éloquents a été plus puissamment provoquée par la présentation pathétique des faits.

Par une telle œuvre, Corneille s'est contesté lui-même plus radicalement que ne l'attaquait Racine vers la même époque. A plusieurs égards, *Suréna* inverse en effet les leçons antérieures du théâtre cornélien. Le primat de l'idéal de gloire, la nécessité de l'action, élaborée par un demi-siècle d'efforts dramaturgiques, y sont mis en question. Un rayonnement nouveau de l'amour et une sorte neuve de poésie y attestent une paradoxale jeunesse. Comme un diamant noir, *Suréna* brille et surprend, apportant à une évolution dont il est à la fois la négation et l'achèvement la conclusion la plus imprévue. Corneille semble avoir tenté, par sa dernière tragédie, de récupérer la révolution théâtrale imposée par Racine. Déjà son frère Thomas, par sa très belle tragédie d'*Ariane,* jouée au début de 1672, avait voulu assimiler certaines des valeurs raciniennes. Mais les contemporains ont préféré que la tragédie racinienne soit faite par Racine. Corneille pouvait le prévoir, et savoir que l'orgueilleuse audace de *Suréna* serait sans lendemain. Plutôt que comme une dernière tentative manquée, la dernière pièce de Corneille peut s'interpréter comme un testament, un cri dont il savait qu'il serait le dernier. La richesse de *Suréna,* la nouveauté des positions esthétiques et dramatiques que l'œuvre implique, exigeaient au reste une réflexion. Comme après *le Cid,* comme après *Héraclius,* comme après *Attila,* Corneille fait retraite et s'enferme dans un silence méditatif. Mais de ce silence il ne devait plus sortir. Il vécut encore près de dix ans, jusqu'à ce que, le 1er octobre 1684, vint le frapper la dernière flèche.

JACQUES SCHERER

CHRONOLOGIE

N.B. Les dates de création des pièces sont généralement conjecturales.

1606 — 6 juin : naissance de Pierre Corneille à Rouen.

1615 — Corneille entre au Collège des Jésuites de Rouen.

1617 — Naissance de Marie de Lamperière, sa future femme.

1624 — 18 juin : Corneille est reçu « licencié ès lois » et devient avocat.

1625 — Naissance de son frère Thomas.

1629 — Corneille achète deux charges d'« avocat du roi », pour les Eaux et Forêts et pour l'Amirauté.

1630 — Création de *Mélite* au Théâtre du Marais à Paris.

1630-1631 — Création de *Clitandre*.

1631-1632 — Création de la *Veuve*.

1632 — 20 mars : publication de *Clitandre*.

1632-1633 — Création de la *Galerie du Palais*.

1633 — Séjour de Louis XIII à Forges-les-Eaux.
12 février : publication de *Mélite*.

1633-1634 — Création de la *Place Royale*.

1634 — 13 mars : publication de la *Veuve*.
cré ation de la *Suivante*.

1635 — Création de *Médée*.
Création de la *Comédie des Tuileries*, des Cinq Auteurs.
Création de *l'Illusion comique*.

1636 — Janvier : création du *Cid*.
création de la *Grande Pastorale*, des Cinq Auteurs.
Février : création de l'*Aveugle de Smyrne*, des Cinq Auteurs.
20 février : publication de la *Galerie du Palais* et de la *Place Royale*.
23 mars : publication du *Cid*.
9 septembre : publication de la *Suivante*.
Août : paralysie de Montdory.
Publication des *Observations sur le Cid* de Scudéry.
Décembre : publication des *Sentiments de l'Académie Française sur le Cid*.

1638 — 17 juin : publication de l'*Aveugle de Smyrne*.
19 juin : publication de la *Comédie des Tuileries*.

1639 — Février : mort du père de Corneille.
16 mars : publications de *Médée* et de l'*Illusion comique*.

1640 — Février-Mars : création d'*Horace*.
création de *Cinna*.

1640-1641 : Corneille épouse Marie de Lamperière.

1641 — 15 janvier : publication d'*Horace*.
création de *Polyeucte*.

1642 — Janvier : naissance de Marie, premier enfant de Corneille.
création de la *Mort de Pompée*.
4 décembre : mort de Richelieu.

1643 — 18 janvier : publication de *Cinna*.
14 mai : mort de Louis XIII.
20 octobre : publication de *Polyeucte*.
Création du *Menteur*.

1644 — 15 janvier : le théâtre du Marais est détruit par un incendie.
16 février : publication de la *Mort de Pompée*.
31 octobre : publication du *Menteur*.
Création de la *Suite du Menteur*.

1645 — Création de *Rodogune*.
30 septembre : publication de la *Suite du Menteur*.

1645-1646 — Création de *Théodore*.

1646 — 31 octobre : publication de *Théodore*.

1647 — Janvier : création d'*Héraclius*.
22 janvier : Corneille est élu à l'Académie Française.
31 janvier : publication de *Rodogune*.
28 juin : publication d'*Héraclius*.

1648 — Débuts de la Fronde.

1649 — Création de la première pièce de Thomas Corneille, les *Engagements du hasard*.

1649-1650 — Création de *Don Sanche d'Aragon*.

1650 — Janvier : le prince de Condé est emprisonné au Havre — Création d'*Andromède*.
Février : destitution de Baudry, procureur syndic des États de Normandie — Corneille accepte de le remplacer.
Mars : il vend ses deux charges d'avocat du roi.
14 mai : publication de *Don Sanche d'Aragon*.
5 juillet : Thomas Corneille épouse Marguerite de Lamperière.
13 août : publication d'*Andromède*.

1651 — Février-mars : création de *Nicomède*.
23 mars : Baudry est rétabli dans les fonctions de procureur syndic des États de Normandie.
Corneille est marguillier et trésorier de sa paroisse.
7 septembre : majorité de Louis XIV.
Novembre : publication du début de l'*Imitation de Jésus-Christ*.
29 novembre : publication de *Nicomède*.

1651-1652 : Création de *Pertharite*.

1652 — Exil de Mazarin.
Libération du prince de Condé.

1653 — Février : rappel de Mazarin.
30 avril : publication de *Pertharite*.

1656 — Publication complète de l'*Imitation de Jésus-Christ*.
Création de *Timocrate* de Thomas Corneille.

1657 — Publication de la *Pratique du théâtre*, de l'abbé d'Aubignac.

1658 — La troupe de Molière joue à Rouen.
24 octobre. A Paris, la troupe de Molière joue *Nicomède* devant Louis XIV.

1659 — 24 janvier : création d'*Œdipe*.
26 mars : publication d'*Œdipe*.

1660 — Publication des *Œuvres*, en trois volumes, précédés des trois *Discours* et contenant les *Examens*.
Novembre : création de la *Conquête de la Toison d'or* au château de Neubourg, devant le marquis de Sourdéac.

1661 — 10 mai : publication de la *Conquête de la Toison d'or*.
Septembre : arrestation de Fouquet.

1662 — Février : création de *Sertorius*.
8 juillet : publication de *Sertorius*.
Octobre : Corneille et son frère Thomas s'installent à Paris.

1663 — Janvier : création de *Sophonisbe*.
10 avril : publication de *Sophonisbe*.

1664 — 20 juin : création de la *Thébaïde* de Racine.
Juillet-août : création d'*Othon*.

1665 — 3 février : publication d'*Othon*.
Publication des *Louanges de la Sainte Vierge*.

1666 — Février : création d'*Agésilas*.
3 avril : publication d'*Agésilas*.

1667 — 4 mars : création d'*Attila* par la troupe de Molière.
18 novembre : création d'*Andromaque* de Racine.
20 novembre : publication d'*Attila*.

1669 — 13 décembre : création de *Britannicus* de Racine.

1670 — 21 novembre : création de *Bérénice* de Racine.
28 novembre : création de *Tite et Bérénice* par la troupe de Molière.
Publication des *Psaumes*, de l'*Office de la Sainte Vierge* et des *Hymnes*.

1671 — 16 janvier : création de *Psyché*.
3 février : publication de *Tite et Bérénice*.
6 octobre : publication de *Psyché*.

1672 — 14 novembre : création de *Pulchérie*.

1673 — 20 janvier : publication de *Pulchérie*.
14 février : mort de Molière.

1674 — Octobre-décembre : création de *Suréna*.

1675 — 2 janvier : publication de *Suréna*.

1680 — Création de la Comédie-Française.

1682 — Onzième et dernière édition du *Théâtre* publiée du vivant de Corneille.

1684 — 1er octobre : mort de Corneille.

1685 — Thomas Corneille, élu à l'Académie Française au fauteuil de son frère, est reçu par Racine.

Achevé d'imprimer en septembre 1984
par l'Imprimerie de la Manutention à Mayenne
N° 8675